10분 투자로 끝내는
일본어 프레젠테이션

JAPANESE PRESENTATION

10분 투자로 끝내는
일본어 프레젠테이션

JAPANESE PRESENTATION

10분 투자로 끝내는
일본어 프레젠테이션

예스북

10분 투자로 끝내는
일본어 프레젠테이션

1쇄 인쇄 2014년 08월 28일
1쇄 발행 2014년 09월 05일

지은이 | 오쿠무라 유지·임단비
펴낸이 | 양봉숙
디자인 | 김선희
편 집 | 임형경
마케팅 | 이주철

펴 낸 곳 | 예스북
출판등록 | 제320-2005-25호 2005년 3월 21일
주 소 | 서울시 마포구 노고산동 57-46 아이스페이스 1107호
전 화 | (02)337-3053
팩 스 | (02)337-3054
E-mail | yesbooks@naver.com
홈페이지 | www.e-yesbook.co.kr

ISBN 978-89-92197-67-0 13730

값 15,000원

들어가는 말

JAPANESE PRESENTATION

우리는 지금 프레젠테이션이 대세인 시대에 살고 있습니다. 기업체를 비롯하여 여러 기관이나 단체, 대학에 이르기까지 그리고 취업 면접 등 다양한 분야에서 활발하게 프레젠테이션이 이루어지고 있습니다. 프레젠테이션이 바로 능력의 척도가 되는 사회에 살고 있는 것입니다.

프레젠테이션이란 때로는 많은 청중들 앞에서 자신의 모습을 온전히 드러내어 검증을 받는 시험대가 되기도 합니다. 프레젠테이션의 목적을 설정하고 주제를 정한 후, 이를 작성하고 발표하여 매듭을 짓는 큰 틀에서 전반적으로 보았을 때, 프레젠테이션의 전 과정은 마치 하나의 촘촘한 직물을 공들여 짜는 숙련된 직공 같아야 한다는 생각이 듭니다. 모든 일이 그러하듯, 사소한 여러 요소들이 모여 큰 틀이 완성되기 때문입니다.

하물며 네이티브가 아닌 우리로서는 일본어에 대한 압박감으로 프레젠테이션에 대한 긴장감이 더욱 클 수밖에 없습니다. 일본어가 언어의 기술이라면 프레젠테이션은 연습의 기술이라고 볼 수 있습니다. 정작 중요한 것은 일본어가 아니라 연습과 훈련의 강도라는 뜻입니다. 일본어 발음이 어색한 것은 연습과 노력으로 개선될 수 있습니다. 프레젠테이션은 사전에 준비 및 기획을 미리 하는 철저한 노력의 산물이기 때문입니다. 네이티브처럼 유창한 일본어로 무대에서 즉석으로 일본어 스피치를 하는 것이 아닙니다. 프레젠테이션은 모두 사전 준비에서 시작합니다.

프레젠테이션의 대가인 스티브 잡스의 전기에서 잡스의 아내가 전하는 일화가 생각납니다. 그녀에 의하면 발표 준비를 모두 마친 잡스가 전날 밤에 슬라이드의 어느 한 부분을 수정하게 되었는데, 간단한 수정이었음에도 불구하고 모든 발표 연습을 다시 처음부터 반복했다고 합니다. 평소 대단히 치밀하고 완벽하게 몇 개월에 걸쳐 발표 준비를 하는 잡스였기에 세계적인 프리젠터라는 극찬을 받고 있는 것입니다.

처음부터 완벽한 프레젠테이션을 하는 사람은 없습니다. 완벽한 프레젠테이션을 하기 위해 얼마나 철저하게 연습을 하느냐가 핵심입니다. 프레젠테이션의 대가라 해도 초보자 시절이 있었을 겁니다. 자신의 미흡한 부분을 보완하고 거듭 연습하는 과정을 거치면서 대가의 자리에 서게 되었을 것입니다. 모쪼록 이 책이 프레젠테이션을 준비하는 여러분에게 조금이나마 보탬이 되기를 기원하며 뜨거운 응원과 격려를 보냅니다.

마지막으로 이 책이 나오기까지 아낌없는 지원을 보내 주신 예스북 사장님, 디자이너 김선희 씨, 그리고 항상 옆에서 숨은 조력자 역할을 해 주시는 구라모토 타에코 선생님께도 감사드립니다.

2014년
오쿠무라 유지 · 임단비

이 책의 구성은   J A P A N E S E

 Part 1 일본어 프레젠테이션을 위한 4가지 핵심 전략

일본어 프레젠테이션의 첫 번째 단계로 Part 1에서는 본격적인 일본어 프레젠테이션 핵심 표현에 들어가기에 앞서 성공적인 프레젠테이션을 위하여 발표자가 사전에 준비해야 하는 기본적인 사항들과 프레젠테이션을 작성하는 기술적인 부분들을 개괄적으로 살펴보기로 합니다.

프레젠테이션 워밍업 하기, 프레젠테이션 구성 틀 짜기, 프레젠테이션을 위한 성공 전략 10가지, 일본어 프레젠테이션을 위한 필수 팁 10가지를 살펴 봅니다.

일본어 프레젠테이션을 시작하기에 앞서
J A P A N E S E   P R E S E N T A T I O N

 **Strategy 1 프레젠테이션 워밍업 하기**

■ 일본어 프레젠테이션에 대한 신체적, 심리적 극복 전략

프레젠테이션은 어떤 주제에 대해 청중 앞에서 발표하는 기술을 말한다. 또한 프레젠테이션의 주제와 목적에 맞추어 발표자 자신의 강점을 최대한 보여줌으로써 청중을 설득하는 기술이기도 하다. 청중에게 좋은 인상을 주고 나아가 이들을 효과적으로 설득할 수 있는 프레젠테이션을 하려면 철저한 사전 준비와 기술적인 전략, 차별화된 창의적인 아이디어 그리고 치열한 연습이 필요하다.

사실 누구나 프레젠테이션을 할 때 긴장한다. 청중 앞에 서면 얼굴이 빨개지거나, 심장이 두근거리거나, 손에 땀이 나거나, 입이 바짝 마르는 등의 경험이 있을 것이다. 게다가 일본어 프레젠테이션 하면 바로 떠오르는 단어가 긴장과 두려움이다.

그럼 어떻게 이러한 신체적, 심리적인 긴장감을 극복할 수 있을까? 어떻게 전문가다운 발표자의 모습을 보여줄 수 있을까? 그 비밀은 마인드 컨트롤에 있다.

❶ 두려움의 실체를 파악한다.

우선 두려움의 실체를 파악하는 것이 중요하다. 예를 들어, 사람들의 웃음거리가 될지도 모른다는 두려움, 말하고자 하는 내용을 잊게 될지도 모른다는 두려움, 더듬거리거나 엉뚱한 말을 하게 될지도 모른다는 두려움, 일본어로 자연스럽게 진행할 수 있을지에 대한 두려움 등을 생각해 볼 수 있다. 이러한 내면의 불안한 생각들을 구체적인 표현으로 바꾸어서, 두려움의 정체를 파악하고 각각의 문제점을 해결할 필요가 있다. 자신의 문제점으로 떠오르는 것이 바로 두려움의 실체라고 생각한다면 이에 대한 개선점이나 해결책을 쉽게 찾아낼 수 있다.

Part 2 일본어 프레젠테이션을 위한 Key Patterns

일본어 프레젠테이션을 위한 두 번째 단계로 Part 2에서는 일본어 프레젠테이션을 위한 기본적인 핵심 표현들을 Key Pattern으로 살펴보기로 합니다.

Chapter
챕터를 소개하는 제목으로 프레젠테이션 작성이나 진행 시 참고할 사항들을 간단한 팁으로 설명하였습니다.

Pattern
챕터에 해당하는 일본어 프레젠테이션 기본 표현들을 패턴으로 묶어, 상황에 맞게 변형하여 활용할 수 있도록 다양한 예문들을 만들었습니다.

패턴별 프레젠테이션 활용 가이드로서 프레젠테이션 작성 시 도움이 될 만한 사항들을 정리하였습니다.

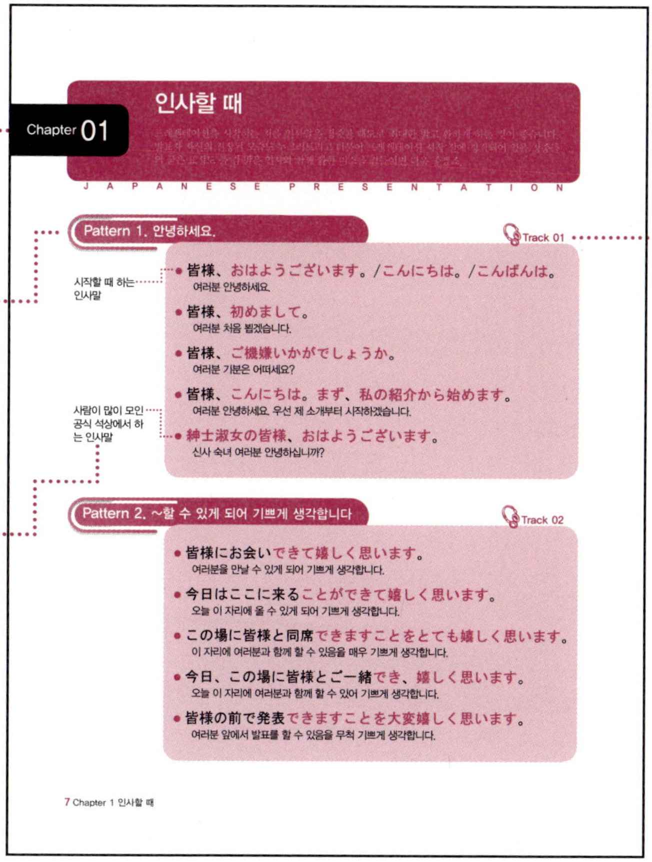

Chapter 01 인사할 때

JAPANESE PRESENTATION

Pattern 1. 안녕하세요. Track 01

시작할 때 하는 인사말
- 皆様、おはようございます。/こんにちは。/こんばんは。
  여러분 안녕하세요.
- 皆様、初めまして。
  여러분 처음 뵙겠습니다.
- 皆様、ご機嫌いかがでしょうか。
  여러분 기분은 어떠세요?
- 皆様、こんにちは。まず、私の紹介から始めます。
  여러분 안녕하세요. 우선 제 소개부터 시작하겠습니다.

사람이 많이 모인 공식 석상에서 하는 인사말
- 紳士淑女の皆様、おはようございます。
  신사 숙녀 여러분 안녕하십니까?

Track
예스북 홈페이지에서 Key Pattern을 오디오 파일로 무료 다운로드하여 네이티브와 함께 공부할 수 있습니다.

Pattern 2. ~할 수 있게 되어 기쁘게 생각합니다 Track 02

- 皆様にお会いできて嬉しく思います。
  여러분을 만날 수 있게 되어 기쁘게 생각합니다.
- 今日はここに来ることができて嬉しく思います。
  오늘 이 자리에 올 수 있게 되어 기쁘게 생각합니다.
- この場に皆様と同席できますことをとても嬉しく思います。
  이 자리에 여러분과 함께 할 수 있음을 매우 기쁘게 생각합니다.
- 今日、この場に皆様とご一緒でき、嬉しく思います。
  오늘 이 자리에 여러분과 함께 할 수 있어 기쁘게 생각합니다.
- 皆様の前で発表できますことを大変嬉しく思います。
  여러분 앞에서 발표를 할 수 있음을 무척 기쁘게 생각합니다.

7 Chapter 1 인사할 때

이 책의 구성은

JAPANESE

Pattern Review

챕터에서 살펴 본 일본어 패턴들을 익히고 이를 반복 청취하여 학습하였으면 마지막으로 패턴들을 일작하면서 마무리를 합니다.

앞에서 살펴 본 문장들을 일작할 수 있을 때 비로소 일본어 패턴들이 자기 실력으로 완성되어 자유롭게 활용이 가능하니 일작 연습을 해 봅니다.

Pattern Review
JAPANESE PRESENTATION

지금까지 앞에서 살펴 본 일본어 프레젠테이션 핵심 패턴을 확인해 보세요.

1. 오늘 이 자리에 여러분과 함께 할 수 있어 기쁘게 생각합니다.

2. 제 프레젠테이션에 참석해 주셔서 감사드리고 싶습니다.

3. 이 자리에서 발표할 기회를 갖게 되어 무척 영광스럽습니다.

4. 바쁘신 중에도 모여 주셔서 감사드립니다.

5. 이 회의에 오신 여러분을 환영합니다.

6. 멋지게 소개해 주셔서 감사합니다.

Answers
1. 今日、この場に皆様とご一緒でき、嬉しく思います。
2. 私のプレゼンテーションにご参席いただき、感謝申し上げます。
3. この場で発表する機会を持てて光栄です。
4. 本日はお忙しい中、お集まりいただきまして、ありがとうございます。
5. この会議に来られた皆様を歓迎致します。
6. 素敵な紹介をしてくださいましてありがとうございます。

인사할 때

PRESENTATION

 Part 3 스티브 잡스 프레젠테이션 따라잡기

Part 3는 일본어 프레젠테이션을 위한 세 번째 단계로 프레젠테이션에 정통한 Steve Jobs의 가장 대표적인 프레젠테이션으로 알려진 2007 iPhone Keynote Address를 분석하면서, 일본어 프레젠테이션의 주요 샘플 표현을 찾아 이를 패턴으로 연습해보고, 나아가 성공적인 일본어 프레젠테이션의 기술과 기법을 알아보기로 합니다.

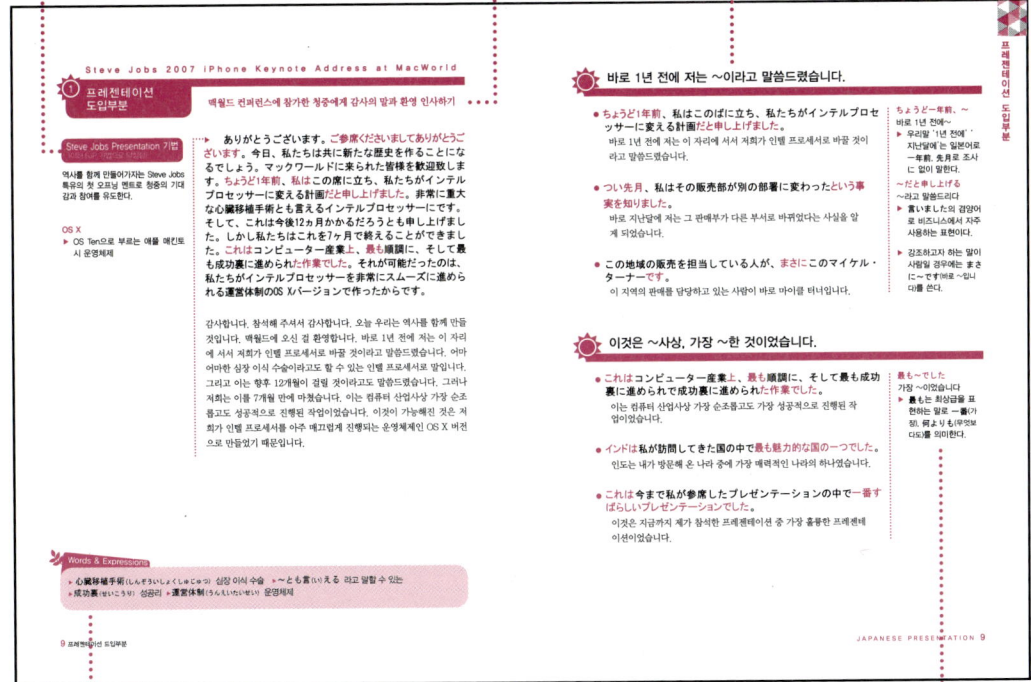

CONTENTS

JAPANES

 **Part 1** 일본어 프레젠테이션을 위한 4가지 핵심 전략

- **Strategy 1** 프레젠테이션 워밍업 하기 · · · 14
- **Strategy 2** 프레젠테이션 구성 틀 짜기 · · · 18
- **Strategy 3** 프레젠테이션을 위한 성공 전략 10가지 · · · 22
- **Strategy 4** 일본어 프레젠테이션을 위한 필수 팁 10가지 · · · 24

 **Part 2** 일본어 프레젠테이션을 위한 Key Patterns

Introduction Key Patterns
- **Chapter 01** 인사할 때 · · · 28
- **Chapter 02** 자기 소개할 때 · · · 32
- **Chapter 03** 주제 소개할 때 · · · 36
- **Chapter 04** 목표 · 목적 제시할 때 · · · 40
- **Chapter 05** 개요 설명과 공지사항 안내할 때 · · · 44

Body Key Patterns
- **Chapter 06** 본론 들어갈 때 주제 언급하기 · · · 48
- **Chapter 07** 주제 세분화할 때 소주제 언급하기 · · · 52
- **Chapter 08** 주제 전개할 때 주장하기 · · · 56
- **Chapter 09** 주제 전개할 때 강조하기 · · · 60
- **Chapter 10** 주장 뒷받침할 때 근거 제시하기 · · · 64
- **Chapter 11** 내용 뒷받침할 때 부연 설명하기 · · · 68
- **Chapter 12** 청중의 참여를 유도할 때 질문하기 · · · 72
- **Chapter 13** 일반화 · 구체화하여 전개할 때 내용 구성하기 · · · 76
- **Chapter 14** 열거 · 시간 순으로 전개할 때 내용 연결하기 · · · 80
- **Chapter 15** 인과관계로 전개할 때 원인 · 결과 제시하기 · · · 84
- **Chapter 16** 대조하여 전개할 때 내용 비교하기 · · · 88
- **Chapter 17** 시각 자료 제시할 때 비주얼 소개하기 · · · 92

Chapter 18 시각 자료 설명할 때 수치 분석하기 · · · 96
Chapter 19 시각 자료 설명할 때 증감 표현하기 · · · 100
Chapter 20 대략적인 범위를 설명할 때 어림치 표현하기 · · · 104
Chapter 21 기업 설명회를 할 때 재무구조 표현하기 · · · 108
Chapter 22 제품 발표할 때 특성 소개하기 · · · 112
Chapter 23 예외의 경우를 밝힐 때 바꿔 말하기 · 화제 전환하기 · · · 116
Chapter 24 권고 · 제안할 때 조언하기 · · · 120
Chapter 25 해결방안을 모색할 때 대안 제시하기 · · · 124
Chapter 26 프레젠테이션의 가치를 제시할 때 청중의 이익 강조하기 · · · 128

● Closing Key Patterns
Chapter 27 프레젠테이션을 마무리할 때 결론 강조하기 · · · 132
Chapter 28 질의 응답할 때 클로징 인사하기 · · · 136

Part 3 스티브 잡스 프레젠테이션 따라잡기
2007 iPhone Keynote Address at Macworld · · · 141

일본어 프레젠테이션의 첫 번째 단계로, Part 1에서는 본격적인 일본어 프레젠테이션 핵심 표현에 들어가기에 앞서 성공적인 프레젠테이션을 위하여 발표자가 사전에 준비해야 하는 기본적인 사항들과 프레젠테이션을 작성하는 기술적인 부분들을 개괄적으로 살펴보기로 한다.

Part 1
일본어 프레젠테이션을 위한 4가지 핵심 전략

JAPANESE PRESENTATION

일본어 프레젠테이션을 시작하기에 앞서

JAPANESE PRESENTATION

 **Strategy 1   프레젠테이션 워밍업 하기**

■ 일본어 프레젠테이션에 대한 신체적, 심리적 극복 전략

프레젠테이션은 어떤 주제에 대해 청중 앞에서 발표하는 기술을 말한다. 또한 프레젠테이션의 주제와 목적에 맞추어 발표자 자신의 강점을 최대한 보여줌으로써 청중을 설득하는 기술이기도 하다. 청중에게 좋은 인상을 주고 나아가 이들을 효과적으로 설득할 수 있는 프레젠테이션을 하려면 철저한 사전 준비와 기술적인 전략, 차별화된 창의적인 아이디어 그리고 치열한 연습이 필요하다.

사실 누구나 프레젠테이션을 할 때 긴장한다. 청중 앞에 서면 얼굴이 빨개지거나, 심장이 두근거리거나, 손에 땀이 나거나, 입이 바짝 마르는 등의 경험이 있을 것이다. 게다가 일본어 프레젠테이션 하면 바로 떠오르는 단어가 긴장과 두려움이다.

그럼 어떻게 이러한 신체적, 심리적인 긴장감을 극복할 수 있을까? 어떻게 전문가다운 발표자의 모습을 보여줄 수 있을까? 그 비밀은 마인드 컨트롤에 있다.

❶ 두려움의 실체를 파악한다.

우선 두려움의 실체를 파악하는 것이 중요하다. 예를 들어, 사람들의 웃음거리가 될지도 모른다는 두려움, 말하고자 하는 내용을 잊게 될지도 모른다는 두려움, 더듬거리거나 엉뚱한 말을 하게 될지도 모른다는 두려움, 일본어로 자연스럽게 진행할 수 있을지에 대한 두려움 등을 생각해 볼 수 있다. 이러한 내면의 불안한 생각들을 구체적인 표현으로 바꾸어서, 두려움의 정체를 파악하고 각각의 문제점을 해결할 필요가 있다. 자신의 문제점으로 떠오르는 것이 바로 두려움의 실체라고 생각한다면 이에 대한 개선점이나 해결책을 쉽게 찾아낼 수 있다.

❷ 긍정적으로 생각하는 습관을 들인다.

평소 긍정적으로 생각하는 습관을 들이도록 노력한다. 성공할 수 있다는 자기 암시를 꾸준히 하면 내면의 능력을 현실화시키기가 더 수월해진다. 예를 들어, 이번에도 얼굴이 빨개질 거야, 떨려서 일본어 발음이 이상하게 들릴 거야, 손이 마구 떨릴 거야, 어차피 잘 안 될 거야 등의 부정적인 생각을 지니고 있으면 실제로 그러한 결과를 얻게 될 가능성이 크다. 긍정적인 생각으로의 전환이 중요하다는 점을 인식하여 스스로에게 잘할 수 있다는 자기 암시를 반복한다. 평소 당당하게 말하고 자신감 있게 행동하는 습관을 들이고 있으니 잘 될 거야, 오랫동안 준비하여 연습했으니 떨리지 않고 잘할 거야, 차분하고 침착하게 전문가다운 프레젠테이션을 할 거야 등의 긍정적인 생각은 심리적으로 안정감을 갖게 해 주고 결과적으로 효과적인 성과를 가져다 줄 것이다.

❸ 철저하게 준비하여 치열하게 연습한다.

심리적으로 마인드 컨트롤을 잘 한다고 해서 긴장감과 두려움에 대한 문제가 해결되리라고 보기는 어렵다. 보다 실질적이며 구체적인 비결은 없을까? 정답은 의외로 아주 간단한데, 철저한 준비가 최상의 방법이다. 두려움을 극복하는 가장 좋은 방법은 철저하게 준비하는 것이다. 신체적, 심리적인 마음의 준비에서부터 프레젠테이션의 실질적인 기획 준비, 그리고 일본어로 매끄럽게 진행하는 언어준비에 이르는 전 과정을 체계적으로 준비한다. 거듭 강조하자면 프레젠테이션을 성공적으로 마치기 위해서는 사전에 준비하고 철저하게 기획해야 한다는 것이다. 이를 전략이라고 한다면 기술적인 사전 준비 전략을 잘 세워야 한다.

발표할 내용과 슬라이드를 반복해서 연습하고, 사전에 미리 동선을 짜보는 것은 물론이거니와, 장비와 기기들도 모두 점검하고, 메시지의 내용에 맞는 화법과 자연스러운 일본어 표현, 그에 맞는 제스처까지도 미리 기획하여 완벽해질 때까지 리허설을 거듭한다. 그렇다고 프레젠테이션의 발표 내용까지 암기해야 한다는 것은 아니다. 청중과의 교감을 유도하는 것이 중요하다는 점을 고려하면서 프로다운 자연스러움을 더할 수 있을 때까지 연습하라는 의미이다. 기계적으로 외워서 암기를 하는 듯한 느낌이 들거나, 미리 짠 대본에 의해 진행된다는 느낌이 들지 않도록, 그리고 자연스럽고 편안한 프레젠테이션이라는 확신이 들 때까지 치열하게 연습하는 것이다. 프레젠테이션의 주요 내용을 모두 숙지하고 준비 또한 체계적으로 이루어져 있다면, 긴장감이나 스트레스 역시 그만큼 줄어들 것이기 때문이다.

▎청중의 마음을 움직이는 Body Language 전략

Body Language는 언어를 사용하는 내용 못지않게 중요한 프레젠테이션의 일부이다. 메시지와 밀접한 관련이 있는 body language는 메시지의 내용을 강조하기도 하고 발표자가 생각을 더 잘 하도록 도와주기도 한다. 구체적으로 의사를 전달하는 언어보다 오히려 비언어적인 요소, 즉 목소리, 시선이나 얼굴 표정, 손 제스처 등 body language가 청중의 마음을 얻는 데에 중요한 역할을 한다. 이는 발표자의 자세와 태도에 따라 청중에게 미치는 신뢰감과 자신감이 가감이 되기 때문이다. 또한 발표자의 자연스럽고 편안한 모습 여부에 따라 청중도 그와 같은 마음으로 프레젠테이션에 동참할 수 있게 된다.

❶ Posture 전략: 발표자가 피해야 할 자세

- ➡ 청중의 시선을 분산시키는 자세나 행동은 피한다.
  연단이나 벽에 기대는 등 비스듬하게 서 있는 자세는 청중에게 좋은 인상을 주지 못한다.

- ➡ 턱을 들고 청중을 내려다보는 자세는 피한다.
  지나치게 자신감을 드러내는 자세는 부정적인 인상을 줄 수 있다.

- ➡ 상체를 구부정하거나 팔짱을 끼는 자세는 피한다.
  팔짱을 낀 자세는 청중과 분리시키는 폐쇄적인 인상을 줄 뿐만 아니라 겸손하거나 공손하지 못하다는 인상을 줄 수 있다.

- ➡ 주먹을 움켜쥐어 지나치게 냉담한 모습을 보이는 자세는 피한다.
  청중에게 위협적인 모습으로 비치거나 발표자가 긴장되어 있다는 나쁜 인상을 줄 수 있다.

- ➡ 허리에 손을 올리고 있는 자세는 피한다.
  어딘가 못마땅하다는 인상을 주어 청중이 불편함을 느낄 수 있다.

- ➡ 손을 앞으로 마주잡고 있는 자세는 피한다.
  누군가에게 억지로 잘 보이고자 하는 듯한 인상을 줄 수 있으므로 이런 자세는 피한다.

- ➡ 앞뒤로 손을 흔드는 자세는 피한다.
  청중의 정신을 산만하게 하고 발표자가 불안해 보이는 인상을 준다.

❷ Gesture 전략: 발표자가 피해야 할 제스처

아래의 제스처들은 청중에게 불편함을 초래하여 프레젠테이션과 발표자에게 집중할 수 없게 하는 사항들이다. 발표자가 의도하지 않았다 해도 무례하거나 불성실한 인상을 줄 수 있으니, 평소 이런 습관이나 버릇이 있을 경우 고치도록 노력해야 한다.

- ➡ 손을 주머니에 집어넣기
- ➡ 주머니 안의 물건을 만지작거리기

- 수시로 안경에 손대기
- 수시로 머리카락을 쓸어 올리기
- 특정 손가락을 세워 청중을 향하기
- 주먹을 쥐어 연단을 두드리기
- 손가락으로 책상 두드리기
- 눈을 지나치게 자주 깜빡거리기
- 필기구를 만지작거리거나 볼펜 소리내기
- 얼굴, 머리 등을 긁적거리기
- 수시로 손목시계 들여다보기
- 다리나 발을 흔들거리기
- 청중의 시선을 회피하기
- 한 자리에 고정된 듯 서 있기
- 초조한 듯 서성거리기

❸ 청중과 눈 맞추기

청중은 계속 발표자의 얼굴을 주시하므로 청중과의 eye contact은 상호교감, 신뢰감, 자신감을 나타낸다. 얼굴 표정은 바로 발표자의 긴장감, 두려움, 좌절감 혹은 자신감, 열정, 친근함을 청중에게 그대로 전달해 주는 메시지가 된다. 경직되어 있는 딱딱한 얼굴보다는 적당히 미소 띤 얼굴이 긍정적인 이미지를 전달한다. 진실한 미소는 자신감과 신뢰감을 전달하고, 또한 프레젠테이션을 즐기고 있다는 인상을 심어준다. 그러나 미소를 지어야 한다는 생각에 억지 미소를 지으려고 하는 부자연스러운 모습은 청중에게도 불편함을 줄 수 있다. 자연스럽고 편안하게 미소 띤 표정으로 청중을 향해 고개를 끄덕이거나 시선을 교차하면서 청중과의 교감을 유지하도록 한다.

❹ 외모 및 복장

발표자의 자질과 능력이 중요한 것은 말할 것도 없다. 하지만 청중에게 미칠 첫인상을 굳이 좋지 않게 할 위험을 감수할 필요는 없을 것이다. 단정하게 다림질한 의복, 깨끗한 신발과 단정한 헤어스타일, 무심코 지나치기 쉬운 손톱까지 신경을 써서 청중에게 미칠 첫 인상을 고려해야 한다. 발표자 자신에게 가장 잘 어울리는 스타일과 색상을 선택하여, 상황과 문화에 맞게, 또는 기업의 조직 문화에 맞게 입는 것이 타당하다. 하지만 경우에 따라서 청중이 어리거나, 학생일 경우에는 트렌드에 맞는 의상을 선택하는 것도 첫인상에 좋은 영향을 미친다.

 **프레젠테이션 구성 틀 짜기**

❶ 프레젠테이션 오프닝

프레젠테이션 오프닝의 첫인상은 프레젠테이션이 끝날 때까지 청중에게 영향을 미친다. 프레젠테이션의 본 내용에 들어가기기도 전에 첫인상으로 청중이 크게 영향을 받는다는 점을 감안할 때, 발표자는 당연히 오프닝 멘트에 고심하지 않을 수가 없게 된다. 그렇다면 어떻게 오프닝 멘트를 시작하는 것이 효과적일까? 기본적으로 자신만의 독특하고 남다른 오프닝 멘트 아이디어는 자기 자신이 찾아야 한다. 가장 독창적인 아이디어란 결국 자신에게서 나온다는 점을 전제로 참고할 다음 몇 가지 방법을 예로 들어 보기로 한다.

- 시각적으로 인상적인 이미지 활용
- 유명한 인용구의 적절한 사용
- 자신의 경험담이나 특이한 체험담
- 이슈가 되고 있는 쟁점이나 스토리
- 의미 있는 유머나 농담
- 청중을 향한 질문

이런 독특한 방법으로 오프닝을 시작하고자 할 때에는 주의할 점이 두 가지 있다. 첫째는 프레젠테이션 내용과의 연관성을 고려하는 것이고, 둘째는 피나는 연습으로 최대한 자연스럽게 발표하지 않으면 효과를 볼 수 없다는 점이다.

❷ 프레젠테이션 서론 – 내용 소개하기

서론은 프레젠테이션의 주제와 목적을 설명하는 도입 부분이므로 어떻게 시작하느냐가 중요하다. 일단 발표자가 청중에게 전달하고자 하는 내용이 명료하고 간결해야 한다. 본론의 세부사항으로 들어가기에 앞서 프레젠테이션의 전체적인 개요를 미리 알려주고, 청중이 이 프레젠테이션에서 얻게 될 정보나 이득이 무엇일지 간략하게 설명한다. 서론 부분에서는 앞으로 전개될 프레젠테이션에 대해 청중이 긍정적인 기대를 갖도록 유도하는 것이 중요하다.

❸ 프레젠테이션 본론 – 내용 전달하기

프레젠테이션 본론의 내용을 전달할 때는 크게 다음 2가지 방법, 즉 SDS 방법이나 PREP 방법으로 설명한다.

프레젠테이션 구성 틀 짜기

➡ SDS법이란!

Summary 전체요약
↳ 청중에게 지금부터 무엇을 말할 것인지를 요약해서 개요를 설명한다.

Details 상세설명
↳ 본격적으로 본론으로 들어가 내용을 자세하게 설명한다.

Summary 전체요약
↳ 마지막으로 다시 한 번 말한 내용을 정리한다.

➡ PREP법이란!

Point 요점
↳ 처음부터 자신이 주장하고 싶어 하는 결론을 말한다.

Reason 이유
↳ 하나하나 그 이유에 대해서 설명한다.

Example 구체적인 예
↳ 구체적인 실례나 사례를 들어가며 청중을 납득시킨다.

Point 요약
↳ 마지막으로 다시 한 번 자신이 주장하고 싶어 하는 포인트를 짚어준다.

❹ 프레젠테이션 본론 – 3막 구조로 내용 전달하기

"Like every great classic story,
I've divided my presentation into three acts." – Steve Jobs –

"모든 고전명작이 그러하듯,
오늘 저의 프레젠테이션 또한 3막으로 구성했습니다."

프레젠테이션 3막 구조는 스티브 잡스가 자주 사용하던 프레젠테이션 구성 방식이다. 잡스가 말한 연극의 3막 구조란 프레젠테이션 본론에서 다루는 주요 내용(정보 또는 스토리) 3가지를 말한다. 본론 부분은 논지를 전개해 나가는 프레젠테이션의 핵심적인 메시지를 다루는 부분으로 대개 3개의 소주제로 나누어 구성한다.

프레젠테이션의 본론의 내용을 크게 3개의 핵심 메시지, 즉 소주제로 각각 나누어 이를 뒷받침할 내용을 상세하게 설명한 다음, 다시 각각의 내용을 정리하여 요약한다. 숫자 3은 발표자가 전달하기에 가장 효율적이고 청중이 기억하기 쉬운 수로, 프레젠테이션의 서론, 본론, 결론이라는 구조적인 큰 틀에서, 본론의 핵심 메시지를 세 가지로 나누어 내용을 전달하는 구성 방식에서 흔히 사용된다. 이러한 3단 구조 방식을 이용하여 논리적인 탄탄한 구조로 내용을 작성하는 것이 프레젠테이션에서 가장 중요한 부분이다. 물론 본론의 내용이나 이를 전달하는 구성방식은 프레젠테이션의 주제나 시간, 청중의 대상이나 상황에 따라 달라질 수 있다.

프레젠테이션 준비 이것만은 꼭!

➡ **시나리오를 작성해라!**
프레젠테이션 자료를 모두 작성한 후에는 실제 말하듯이 시나리오를 작성하여, 기획 내용을 전체적으로 스토리텔링 하듯이 전달한다.

➡ **발표자는 100%, 청중은 0%!**
발표자는 본인이 만든 자료이므로 자료의 내용을 100% 이해하고 있지만, 청중은 자료의 내용을 전혀 모른다는 점을 감안하여 내용을 이해하기 쉽게 설명한다.

➡ **자료는 프레젠테이션이 끝난 후에!**
처음부터 자료를 배부하면 청중이 자료를 읽느라 프레젠테이션에 집중하기 힘들다. 자료는 프레젠테이션이 끝난 후에 필요한 사람만 참고로 가져가도록 따로 둔다.

❺ 프레젠테이션 결론 – 내용 요약하기

프레젠테이션의 내용을 요약 정리하는 리뷰 과정을 통하여 논제의 핵심을 강조한다. 특히 발표자가 강조하고 싶은 내용이나, 청중이 잊지 않고 기억하기를 원하는 내용을 다시 한 번 정리하여 강조한다. 결론 부분에서는 서론이나 본론의 내용과 다른 새로운 이야기를 꺼내지 않는다. 청중이 지금까지 집중해 온 발표자의 주요 사항을 오래 기억할 수 있도록, 이를 강조하여 상기시켜 주는 것이 마지막 결론 부분에서 해야 할 일이라는 점을 기억한다.

❻ 프레젠테이션 클로징

 오프닝 부분에서 청중에게 좋은 첫인상을 심어 주었다면, 클로징 부분에서도 좋은 인상을 끝까지 유지하는 것이 중요하다. 클로징 부분에서 발표자의 태도에 따라 청중의 호감도가 달라질 수 있기 때문이다. 프레젠테이션을 시작하기 전에 인상적인 오프닝 멘트를 고심했던 것과 마찬가지로, 마지막으로 청중의 마음에 발표자의 메시지를 한 번 더 각인시킬 수 있는 클로징 멘트를 또 한 번 고심하지 않을 수 없다. 청중의 가슴에 오래 여운을 남길 수 있는 감동적인 이야기나 명언을 인용하거나, 강한 이미지로 청중의 마음에 각인시킬 슬라이드 등을 활용하여 프레젠테이션을 성공적으로 마무리한다.

 **프레젠테이션을 위한 성공 전략 10가지**

❶ 철저히 준비한다.

처음부터 실수 없이 잘 하는 사람은 없다. 세계적으로 유명한 프레젠테이션의 대가들도 치열하게 연습한다. 프레젠테이션을 잘하고 싶다면 그들처럼 꾸준한 연습을 통하여 실수를 줄이게 되는 과정을 거쳐야 한다.

❷ 시각자료를 활용한다.

발표자의 메시지를 더 잘 이해하고 오래 기억하게 하는 효과적인 방법은 시각자료를 이용하는 것이다. 다만 주의할 것은 슬라이드에 너무 많은 내용을 담아 시각자료의 역효과를 초래하지 않도록 한다.

❸ 적절한 유머를 사용한다.

청중이 웃는다는 것은 프레젠테이션이 지루하지 않다는 증거이다. 청중이 즐거운 마음으로 열려 있으면 발표자는 자신의 메시지를 전달하는데 분명 도움이 된다. 하지만 지나친 농담이나 유머는 청중의 감정을 상하게 할 수도 있으니 주의한다. 본인이 재미있다고 생각하여 가볍게 던진 농담이, 문화나 개인의 성향에 따라 무례하게 받아들일 수도 있다는 점을 기억하자.

❹ 청중과의 교감을 형성한다.

프레젠테이션을 시작하는 오프닝 멘트는 굉장히 중요하다. 오프닝 멘트로 청중의 마음을 사로잡아 교감이 이루어지게 된다면, 발표자는 자신이 전하고자 하는 핵심 메시지를 보다 효과적으로 전달할 수 있다. 인상적인 오프닝 멘트란 발표자 자신의 이야기를 하는 것이다. 단순히 발표자 자신의 사적인 이야기가 아니라 직접 겪은 감동적인 이야기, 그로써 자신이 느끼는 기분이나 감정을 청중과 교류하는 것이다.

❺ 청중을 미리 파악한다.

청중의 니즈에 부합하는 프레젠테이션을 기획해라. 사전에 청중의 규모, 청중의 계급이나 지위, 발표장소 등을 미리 파악한다. 프레젠테이션의 주제에 대한 청중의 지식이 어느 정도인지를 파악하면 프레젠테이션의 효과를 극대화할 수 있다.

❻ 장비를 사전 점검한다.

예기치 않게 장비가 제대로 기능을 하지 못하면 당황하게 되는 경우가 있다. 아예 처음부터 여분의 컴퓨터나 기타 준비물을 추가로 준비하도록 한다. 무엇보다도 발표자가 당황하지 않고 예기치 않은 상황에 차분하게 대처하는 태도를 보이도록 한다. 오히려 청중에게 좋은 인상을 주게 되어 위기가 기회로 바뀔 수도 있다는 점을 상기하자.

❼ 시간을 엄수한다.

발표자와 마찬가지로 청중 역시 바쁜 일정으로 시간에 제한적일 수 있다. 정해진 시간 내에 마칠 수 있도록 사전에 소요시간을 체크하면서 리허설을 해본다. 시간에 비해 지나치게 많은 양의 내용을 준비하여 급하게 진행하는 것은 금물이다.

❽ 화법을 연구한다.

성공적인 프레젠테이션을 위해서는 여러 가지 요소가 조화롭게 잘 어우러져야 한다. 발표자의 프로다운 자세, 전문성, 발표 자료, 슬라이드, 자연스러운 일본어 외에도, 억양, 목소리 크기, 말의 속도가 모두 조화를 이루어야 한다. 메시지의 내용에 따라 억양을 높이거나 낮추기, 극적 긴장감을 주고자 할 때 목소리를 높이거나 낮추기, 핵심 메시지를 전달하고자 할 때 속도의 완급 조절하기 등으로 청중의 주의를 환기시킨다. 이때 지루한 모노톤의 독백이 아니라, 메시지를 정확하게 전달하면서 마치 청중과 대화하듯이 자연스럽게 화법을 구사하는 것이 중요하다.

❾ 스토리텔링을 한다.

발표자가 자신이 발표하고자 하는 내용이나 주제를 지루하게 나열하는 것으로는 청중의 마음을 사로잡을 수 없다. 프레젠테이션의 핵심 메시지에 맞게 재미있는 사례 제시나 인상적인 경험담 등의 스토리를 입히는 과정을 거치게 되면, 주제가 보다 구체적으로 명확해지고 청중에게 감명 깊은 인상을 주게 된다. 감동적인 재미있는 이야기는 기억에 가장 오래 남게 된다.

❿ 동영상으로 촬영한다.

프레젠테이션을 하는 자신의 모습을 사전에 미리 촬영하여 자신의 강점과 약점을 확인한다. 성공적인 프레젠테이션의 최종 전략은 자신의 프레젠테이션 과정을 동영상으로 촬영하는 것이다. 자신의 모습을 직접 관찰하여 수정을 거급하는 과정을 반복하여야 하며, 객관적으로 자신을 평가해 줄 수 있는 사람에게 조언을 구하는 등 철저한 피드백이 이루어져야 한다.

Strategy 4 일본어 프레젠테이션을 위한 필수 팁 10가지

❶ 간단한 언어를 사용한다.

짧은 단어나 문장은 명쾌한 전달을 하는 강력한 방법이다. 동시에 발표자가 일본어를 보다 쉽고 효과적으로 전달할 수 있고, 청중 역시 발표자의 메시지를 분명하게 이해하는 좋은 방법이다.

❷ 천천히 말한다.

누구에게나 있는 악센트 자체가 문제가 아니라, 일본어로 말을 빨리 하는 것이 문제이다. 천천히 말해야 청중에게 분명하게 전달할 수 있다.

❸ 시각자료의 일본어는 완벽하게 작성한다.

비문법적인 표현이나 철자의 오류는 치명적이다. 이러한 오류는 발표자의 능력에 대한 신뢰감을 크게 떨어트리는 요인이다. 충분한 시간을 갖고 슬라이드, 브로슈어, 핸드아웃 등을 검토해야 한다.

❹ 겸양어를 잘 사용한다.

일본어 프레젠테이션에서는 겸양어를 어떻게 잘 쓰느냐가 관건이다. 겸양어를 능숙하게 사용함으로써 프레젠테이션의 질이 달라진다. 그러나 혹시 잘못 사용하면 역효과를 불러 일으킬 수 있으므로, 충분한 연습과 훈련을 마친 후 프레젠테이션에 임해야 한다.

ただ今、ご紹介にあずかりましたホン・ギルトンです。
방금 전에 소개받은 홍길동입니다.

これからプレゼンテーションを始めさせていただきます。
지금부터 프레젠테이션을 시작하겠습니다.

簡単にご説明致します。
간단하게 설명하겠습니다.

❺ 두문자어의 사용은 나중에 한다.

청중이 발표자가 사용하는 두문자어, 축약어, 약어, 닉네임을 알고 있다고 단정해서는 안 된다. 아울러 문화마다 다르게 사용될 수도 있다는 점도 기억해야 한다. 프레젠테이션 도중 맨 처음 두문자어를 언급할 때에는 반드시 전부 풀어서 표기하되, 이어 재차 사용하고자 할 때는 두문자어를 사용해도 무방하다.

❻ 은어, 속어의 사용을 피한다.

네이티브와 달리 일본어가 외국어인 발표자로서는 이들의 사용을 조심해야 한다. 전달하고자 하는 메시지의 정확성이나 신뢰성을 떨어트릴 수가 있다. 정제된 일본어 표현을 사용하여 청중에게 좋은 인상을 주는 것이 가장 중요하다는 점을 기억하자.

❼ 간투사의 사용을 피한다.

발화 중간에 사용하는 **ええ, ええと, あー, あのー** 등의 간투사의 사용은 청중에게 거슬리는 말들이다. 자연스럽게 이어지는 일본어 표현이 생각나지 않을 때에는 그냥 입을 다문 채 적절한 표현을 생각해 내는 것이 중요하다.

❽ 연결어를 사용한다.

연결어는 일본어에서 다음 내용으로 넘어갈 때 부드럽게 연결해 주는 말로 **例えば, その上, 特に, にもかかわらず** 등의 예를 들 수 있겠다. 앞 뒤 문장을 자연스럽게 연결하여 청중이 발표자의 메시지를 이해하는 데 도움을 준다.

❾ 숫자나 통계는 슬라이드에 표기한다.

중요한 숫자나 통계 등은 청중이 잊지 않도록 슬라이드에 표기하는 것이 좋다. 청각적인 기억보다는 시각적인 기억이 오래 간다는 점을 기억하자.

❿ PT 전문가를 따라서 연습한다.

프레젠테이션 스킬을 향상시키는 방법 중의 하나는 PT 전문가를 따라 연습하는 것이다. 전문가들이 사용하는 일본어 표현, 제스처, 스피치 스타일 등을 다양하게 접한 후 자신의 스타일에 맞도록 반복 연습한다.

일본어 프레젠테이션을 위한 두 번째 단계로 Part 2에서는 일본어 프레젠테이션의 기본 표현을 패턴으로 묶어, 상황에 맞게 변형하여 활용할 수 있도록 다양한 예문을 통하여 살펴보기로 한다.

Part 2
일본어 프레젠테이션을 위한
Key Patterns

Introduction Key Patterns : Chapter 01-05
Body Key Patterns : Chapter 06-26
Closing Key Patterns : Chapter 27-28

Chapter 01 인사할 때

프레젠테이션을 시작하는 처음 인사말은 정중한 태도로 최대한 밝고 환하게 하는 것이 좋습니다. 발표자 자신의 긴장된 모습도 누그러트리고 더불어 프레젠테이션 시작 전에 경직되어 있을 청중들의 굳은 표정도 풀 겸 밝은 인사와 함께 환한 미소를 곁들이면 더욱 좋겠죠.

JAPANESE PRESENTATION

Pattern 1. 안녕하세요.

 Track 01

시작할 때 하는 인사말

- 皆様、おはようございます。/こんにちは。/こんばんは。
  여러분 안녕하세요

- 皆様、初めまして。
  여러분 처음 뵙겠습니다.

- 皆様、ご機嫌いかがでしょうか。
  여러분 기분은 어떠세요?

- 皆様、こんにちは。まず、私の紹介から始めます。
  여러분 안녕하세요. 우선 제 소개부터 시작하겠습니다.

사람이 많이 모인 공식 석상에서 하는 인사말

- 紳士淑女の皆様、おはようございます。
  신사 숙녀 여러분 안녕하십니까?

Pattern 2. ~할 수 있게 되어 기쁘게 생각합니다

 Track 02

- 皆様にお会いできて嬉しく思います。
  여러분을 만날 수 있게 되어 기쁘게 생각합니다.

- 今日はここに来ることができて嬉しく思います。
  오늘 이 자리에 올 수 있게 되어 기쁘게 생각합니다.

- この場に皆様と同席できますことをとても嬉しく思います。
  이 자리에 여러분과 함께 할 수 있음을 매우 기쁘게 생각합니다.

- 今日、この場に皆様とご一緒でき、嬉しく思います。
  오늘 이 자리에 여러분과 함께 할 수 있어 기쁘게 생각합니다.

- 皆様の前で発表できますことを大変嬉しく思います。
  여러분 앞에서 발표를 할 수 있음을 무척 기쁘게 생각합니다.

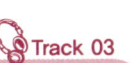

- 本日、この場に立てますことを嬉しく思います。
  오늘 이 자리에 설 수 있게 됨을 기쁘게 생각합니다.
- この場で発表する機会を持てて光栄です。
  이 자리에서 발표할 기회를 갖게 되어 영광스럽습니다.
- このテーマについて発表できる機会を持てて光栄です。
  이 주제에 대해 발표할 수 있는 기회를 갖게 되어 영광입니다.
- このプレゼンテーションを発表できてとても光栄です。
  이 프레젠테이션을 발표할 수 있어 매우 영광스럽습니다.
- この発表ができますことはこの上ない光栄でございます。
  이 발표를 할 수 있게 된 것은 더할 나위 없는 영광입니다.

光栄(こうえい) 영광
▶ 栄光(えいこう)라고 하지 않도록 주의

Pattern 3. ~을 환영합니다

- 皆様を心から歓迎致します。
  여러분을 마음으로부터 환영합니다.
- この会議に来られた皆様を歓迎致します。
  이 회의에 오신 것을 환영합니다.
- わが社にお越しになった皆様を歓迎致します。
  저희 회사에 오신 여러분을 환영합니다.
- このプレゼンテーションにご参席された皆様を歓迎致します。
  이 프레젠테이션에 참석하신 여러분을 환영합니다.
- まず本日のプレゼンテーションにご参席くださった皆様を歓迎致します。
  우선 오늘 프레젠테이션에 참석해 주신 여러분을 환영합니다.
- 皆様に心より歓迎のご挨拶を申し上げます。
  여러분에게 마음으로부터 환영의 인사를 드리고 싶습니다.

来られる 오시다
▶ 来る를 활용하여 만든 존경 표현

お越(こ)しになる 오시다
▶ 来る의 특수한 존경어

Pattern 4. ~해 주셔서 감사합니다  Track 04

- ただ今、ご紹介にあずかりましたホン・ギルトンです。
  방금 전에 소개받은 홍길동입니다.

- 素敵な紹介をしてくださいましてありがとうございます。
  멋지게 소개해 주셔서 감사합니다.

~いただくは
くれる의 겸양어

- 本日は参席してくださいまして、ありがとうございます。
  오늘 참석해 주셔서 감사합니다.

- 招待していただき、ありがとうございます。
  초대해 주셔서 감사합니다.

- お時間をいただき、ありがとうございます。
  오늘 시간을 내주셔서 감사합니다.

- 私のプレゼンテーションにご参席いただき、感謝申し上げます。
  제 프레젠테이션에 참석해 주셔서 감사드리고 싶습니다.

- このプレゼンテーションを発表する機会を与えていただきまして、ありがとうございます。
  이 프레젠테이션을 발표할 기회를 주셔서 감사합니다.

- この会議にご参席くださいまして、まことにありがとうございます。
  이 회의에 참석해 주셔서 정말로 감사합니다.

- 本日はお忙しい中、お集まりいただきまして、ありがとうございます。
  바쁘신 중에도 모여 주셔서 감사드립니다.

 Words & Expressions

- ご機嫌(きげん) 기분 ▶ 紳士淑女(しんししゅくじょ)の皆様(みなさま) 신사숙녀 여러분
- この場(ば)に 이 자리에 ▶ 同席(どうせき) 동석 ▶ この上(うえ)ない 더할 나위 없는 ▶ 参席(さんせき) 참석
- 機会(きかい)を与(あた)える 기회를 주다 ▶ 歓迎(かんげい) 환영 ▶ 挨拶(あいさつ) 인사
- 申(も)し上(あ)げます 말씀드리다, ~해 드리다

Pattern Review

인사할 때

지금까지 앞에서 살펴 본 일본어 프레젠테이션 핵심 패턴을 확인해 보세요.

1. 오늘 이 자리에 여러분과 함께 할 수 있어 기쁘게 생각합니다.

2. 제 프레젠테이션에 참석해 주셔서 감사드리고 싶습니다.

3. 이 자리에서 발표할 기회를 갖게 되어 무척 영광스럽습니다.

4. 바쁘신 중에도 모여 주셔서 감사드립니다.

5. 이 회의에 오신 여러분을 환영합니다.

6. 멋지게 소개해 주셔서 감사합니다.

Answers
1. 今日、この場に皆様とご一緒でき、嬉しく思います。
2. 私のプレゼンテーションにご参席いただき、感謝申し上げます。
3. この場で発表する機会を持てて光栄です。
4. 本日はお忙しい中、お集まりいただきまして、ありがとうございます。
5. この会議に来られた皆様を歓迎致します。
6. 素敵な紹介をしてくださいましてありがとうございます。

Chapter 02 자기 소개할 때

청중에게 인사를 한 후에는 자기 소개를 합니다. 자기 소개를 할 때에는 자신의 이름, 부서, 직위, 회사 등이 포함되는데요, 자신이 어느 회사의 어느 부서인지를 정확하게 밝히고, 경우에 따라서는 자신이 맡고 있는 업무를 구체적으로 밝힘으로써 청중에게 신뢰감을 주기도 합니다.

JAPANESE PRESENTATION

Pattern 5. 제 소개를 하겠습니다

~させていただきます
~를 하겠습니다
▶ 사역수동표현으로 '당신이 시키면 하겠다'라는 의미. 지극히 일본적인 겸손한 표현이다.

● まずはじめに、私の紹介からさせていただきます。
먼저 처음에 제 소개부터 하겠습니다.

● まず、私の紹介をしてから始めたいと思います。
먼저 제 소개를 하고 시작하려고 합니다.

● まず、私の紹介から始めさせていただきます。
먼저 제 소개부터 시작하겠습니다.

● ほとんどの方は私をご存知だと思いますが、私はホン・ギルドンです。
대부분의 분들은 저를 알고 계시리라고 생각하지만, 저는 홍길동입니다.

● プレゼンテーションを始める前に、簡単に私の紹介をさせていただきます。
프레젠테이션을 시작하기에 앞서, 간단히 제 소개를 하겠습니다.

● 皆様、おはようございます。私の名前はイ・ヨンヒです。
여러분 안녕하세요, 제 이름은 이영희입니다.

● 皆様、こんにちは。私はキム・ミンソクと申します。
여러분 안녕하세요, 저는 김민석이라고 합니다.

● 私はABC社のマーケティングマネージャーです。
저는 ABC사의 마케팅 매니저입니다.

● 私はABC保険会社の共同設立者のホン・ギルドンです。
저는 ABC보험회사의 공동설립자인 홍길동입니다.

Pattern 6. ~에서 근무하고 있습니다

 Track 06

~に勤務(きんむ)
しています
~에 근무하고 있
습니다

- 私はD&Eモーターズに勤務しています。
  저는 D&E Motors에서 근무하고 있습니다.

- 私はABC社のマーケティングの部署で勤務しています。
  저는 ABC사의 마케팅 부서에서 근무하고 있습니다.

- 私は営業部所属のホン・ギルドンです。
  저는 영업부 소속의 홍길동입니다.

- 私はマーケティングのコンサルタントとして働いています。
  저는 마케팅 컨설턴트로 일하고 있습니다.

- 私は生産デザイン部署の責任者です。
  저는 생산 디자인 부서의 책임자입니다.

- 私は本社の会計士です。
  저는 본사의 회계사입니다.

~を担当(たんとう)
しております
~을 담당하고 있
습니다
▶ ~を担当して
  いますの 겸
  양어

- 私はABCコンピューター会社で広報を担当しております。
  저는 ABC 컴퓨터 회사에서 홍보를 담당하고 있습니다.

- 私は会計業務を担当しております。
  저는 회계업무를 담당하고 있습니다.

- 私はこの地域の販売の責任を任されております。
  저는 이 지역의 판매책임을 맡고 있습니다.

- 私はこのプロジェクトデザインの責任を任されております。
  저는 이 프로젝트 디자인 책임을 맡고 있습니다.

Pattern 7. 저희 회사는 ~입니다

 Track 07

- **わが社は**2000年度**に設立されました。**
  저희 회사는 2000년도에 설립되었습니다.

- **わが社の本社は**ロンドン**にあります。**
  저희 회사의 본사는 런던에 있습니다.

- **私どもは**この業界**のトップクラスの企業です。**
  저희는 이 업계의 선두 기업입니다.

- **私どもは**電気製品**の部門において世界トップクラスの企業です。**
  저희는 전기 제품 부문에서 세계 선두 기업입니다.

- **わが社は**世界のオンラインゲームの市場**においてトップクラスの企業です。**
  저희 회사는 세계 온라인 게임 시장에서 선두 기업입니다.

- **わが社は**女性衣類**を専門としております。**
  저희 회사는 여성 의류를 전문으로 하고 있습니다.

- **わが社は**電気装置の製造**の経験15年の会社です。**
  저희 회사는 전기장치 제조 경험 15년의 회사입니다.

- **私どもは**この業界**では一番知名度の高い会社です。**
  저희는 이 업계에서 가장 지명도가 높은 회사입니다.

- **私どもは**ヨーロッパや南アメリカ**への進出を計画しています。**
  저희는 유럽이나 남미로의 진출을 계획하고 있습니다.

- **わが社は**核心事業**において優れた成果を得ました。**
  저희 회사는 핵심사업에서 뛰어난 성과를 거두었습니다.

私(わたくし)ども ……
저희
▶ 私(わたし)たち의 겸양어

~において ……
~에 있어
▶ 때, 장소, 분야 등을 나타낸다.

Words & Expressions

- 共同設立者(きょうどうせつりつしゃ) 공동설립자   ▶ 所属(しょぞく) 소속
- 会計業務(かいけいぎょうむ) 회계업무   ▶ 責任(せきにん)を任(まか)される 일을 맡다
- 電気装置(でんきそうち)の製造(せいぞう) 전기장치 제조
- 知名度(ちめいど)の高(たか)い会社(かいしゃ) 지명도가 높은 회사   ▶ 核心事業(かくしんじぎょう) 핵심사업

Review

JAPANESE PRESENTATION

지금까지 앞에서 살펴 본 일본어 프레젠테이션 핵심 패턴을 확인해 보세요.

1. 저는 이 지역의 판매책임을 맡고 있습니다.

2. 저희는 이 업계의 선두 기업입니다.

3. 먼저 제 소개를 하고 시작하려고 합니다.

4. 저는 ABC사의 마케팅 부서에서 근무하고 있습니다.

5. 저는 회계업무를 담당하고 있습니다.

6. 저희는 유럽이나 남미로의 진출을 계획하고 있습니다.

Answers
1. 私は、この地区の販売の責任を任されております。
2. 私どもはこの業界のトップクラスの企業です。
3. まず、私の紹介をしてから始めたいと思います。
4. 私はABC社のマーケティングの部署で勤務しています。
5. 私は会計業務を担当しております。
6. 私どもはヨーロッパや南アメリカへの進出を計画しています。

Chapter 03 주제 소개할 때

주제를 소개하는 것은 이제부터 프레젠테이션의 내용이 무엇인지를 명확하게 제시하는 부분입니다. 청중을 혼란스럽게 하지 않기 위해서는 발표할 내용을 간단 명쾌하게 요약하는 것이 중요합니다. 시작부터 장황한 내용 소개는 청중의 흥미를 끌기가 어렵겠죠.

JAPANESE PRESENTATION

Pattern 8. 발표의 주제는 ~입니다

 Track 08

주제를 소개할 때는 '主題(しゅだい) 주제, キーポイント 키포인트, 要点(ようてん) 요점' 같은 단어를 사용하여 명확하게 내용을 전달하는 것이 효과적

- 本日の発表の主題は、新商品をいかにアピールするかです。
  오늘 발표 주제는 '신상품을 어떻게 홍보하느냐'입니다.

- 私のプレゼンテーションの主題は、皆様に船積み条件をお伝えすることです。
  제 프레젠테이션의 주제는 여러분들에게 선적 조건을 알리는 것입니다.

- 今日の発表の主題は、顧客を説得する効果的な方法です。
  오늘 발표의 주제는 고객을 설득하는 효과적인 방법입니다.

- 今日の主題は、工場勤労者の生産性をいかに向上させるかに関することです。
  오늘의 주제는 '공장 근로자들의 생산성을 어떻게 향상시키냐'에 관한 것입니다.

- 私のプレゼンテーションの主題は広報の重要性についてです。
  제 프레젠테이션의 주제는 홍보의 중요성에 대해서입니다.

- 私の主題は金融危機と関連があります。
  제 주제는 금융 위기와 관련이 있습니다.

- 私のプレゼンテーションのキーポイントは、新しい教育用のソフトウェアの使用法をご紹介することです。
  제 프레젠테이션의 키포인트는 새로운 교육용 소프트웨어의 사용법을 소개하는 것입니다.

- 私のプレゼンテーションの要点は、私たちが世界市場に進出する計画だということです。
  제 프레젠테이션의 요점은 우리가 세계 시장으로 진출할 계획이라는 것입니다.

Pattern 9. 제가 발표하고자 하는 것은 ~입니다  Track 09

- 私が発表したいことはコンピューター産業の未来についてです。
  제가 발표하고자 하는 것은 컴퓨터 산업의 미래에 대해서입니다.

- 私が皆様にお話ししたいのは、アジア市場での新しいマーケティングのための戦略の提案についてです。
  제가 여러분에게 말씀드리고자 하는 것은 아시아 시장에서의 새로운 마케팅을 위한 전략 제안에 대해서입니다.

- 私が今日お話ししたいのは、世界的なビジネス競争に生き残る方法についてです。
  제가 오늘 말씀드리고 싶은 것은 세계적인 비즈니스 경쟁에서 살아남는 방법에 대해서입니다.

- 私が今日、皆様にお話ししたいのは、どうすれば広告の効果を上げられるかということについてです。
  제가 오늘 여러분에게 말씀드리고자 하는 것은 어떻게 하면 광고의 효과를 높일 수 있느냐에 대해서입니다.

- 私が主に発表したいことは、商品を販売するための攻撃的なマーケティング戦略の採択の仕方です。
  제가 주로 발표하고자 하는 것은 상품을 판매하기 위한 공격적인 마케팅 전략의 채택 방법입니다.

お話しする …… 말씀드리다
▶「お(ご)+동사 ます形+する」의 공식에 의해 만들어진 話す의 겸양어

上げられる …… ＝上げられることができる
올릴 수 있다
▶ 上げる의 가능형 표현

Pattern 10. ~에 대해서 말씀드리겠습니다  Track 10

- まず、プレゼンテーションの内容についてお話し致します。
  먼저 프레젠테이션의 내용에 대해 말씀드리겠습니다.

- 皆様にプロジェクトの結果を発表させていただきます。
  여러분에게 프로젝트의 결과를 발표하겠습니다.

- 皆様に最新式施設についてお知らせ致します。
  여러분에게 최신식 시설에 대해서 알려 드리겠습니다.

- 今回の予期せぬ災難が、会社に与える影響についてお話しさせていただきます。
  이번의 예기치 않은 재난이 회사에 미치는 영향에 대해서 말씀드리겠습니다.

致(いた)す …… する의 겸양어

予期(よき)せぬ …… 예기치 않은
▶ ぬ는 ない와 같은 의미

- 現代の金融危機にどうすれば対処できるかについてお話しさせていただきます。
  현재 금융 위기에 어떻게 하면 대처할 수 있는가에 대해서 말씀드리겠습니다.

- 顧客中心の経営戦略について簡単にお話しさせていただきます。
  고객 중심의 경영 전략에 대해서 간단히 말씀드리겠습니다.

- 生産単価を減らす方法についてお話しさせていただきたいと思います。
  생산 단가를 줄일 방법에 대해서 말씀드리려고 합니다.

- なぜその問題を解決しなければならないか、その理由について説明させていただきます。
  왜 그 문제를 해결해야 하는지 그 이유에 대해서 설명하겠습니다.

Words & Expressions

- 船積(ふなづ)み条件(じょうけん) 선적 조건 ▶ 顧客(こきゃく)を説得(せっとく)する 고객을 설득하다
- 金融危機(きんゆうきき) 금융 위기 ▶ 生(い)き残(のこ)る 살아남다

Pattern Review

주제 소개할 때

지금까지 앞에서 살펴 본 일본어 프레젠테이션 핵심 패턴을 확인해 보세요.

1. 제가 발표하고자 하는 것은 컴퓨터 산업의 미래에 대해서입니다.

2. 여러분에게 최신식 시설에 대해서 알려 드리겠습니다.

3. 오늘 발표 주제는 '신상품을 어떻게 홍보하느냐'입니다.

4. 여러분에게 프로젝트의 결과를 발표하겠습니다.

5. 제가 오늘 말씀드리고 싶은 것은 세계적인 비즈니스 경쟁에서 살아남는 방법에 대해서입니다.

6. 고객 중심의 경영 전략에 대해서 간단히 말씀드리겠습니다.

Answers
1. 私が発表したいことはコンピューター産業の未来についてです。
2. 皆様に最新式施設についてお知らせ致します。
3. 本日の発表の主題は、新商品をいかにアピールするかです。
4. 皆様にプロジェクトの結果を発表させていただきます。
5. 私が今日お話ししたいのは、世界的なビジネス競争に生き残る方法についてです。
6. 顧客中心の経営戦略について簡単にお話しさせていただきます。

Chapter 04 목표·목적 제시할 때

프레젠테이션에서 목적을 제시하는 이 부분은 발표자가 프레젠테이션을 왜 하게 되었는가에 대해 말하는 부분입니다. 직전에 프레젠테이션의 내용을 간략하게 정리하여 주제를 밝혔다면, 여기에서는 프레젠테이션을 왜 하게 되었는가 그 목적을 밝히는 부분이라고 할 수 있겠죠.

JAPANESE PRESENTATION

Pattern 11. 프레젠테이션의 목적은 ~하는 것입니다

 Track 11

私のプレゼンテーションの目的は~することです
저의 프레젠테이션의 목적은 ~하는 것입니다

- 私のプレゼンテーションの目的は、多様性と多文化主義を考慮するよう皆様を説得することです。
  제 프레젠테이션의 목적은 다양성과 다문화주의를 고려하도록 여러분을 설득하는 것입니다.

오늘은 本日(ほんじつ), 今日(きょう)로 표현

- 本日のプレゼンテーションの目的は、我々の部署の販売目標を到達するために、皆様のよりよい意見と提案をまとめることです。
  오늘 프레젠테이션의 목표는 우리 부서의 판매 목표를 달성하기 위하여 여러분의 더 나은 의견과 제안을 수렴하는 것입니다.

- 本日のプレゼンテーションの目的は、皆さんがより効率的に仕事ができるよう動機付けすることです。
  오늘 프레젠테이션의 목적은 여러분이 보다 더 효율적으로 일을 할 수 있도록 동기 부여를 하는 것입니다.

- 本プレゼンテーションの目標は、皆様がなぜ新規安全規定にしたがわなければならないか、その理由を説明することです。
  본 프레젠테이션의 목표는 여러분이 왜 신규 안전 규정을 따라야 하는지 그 이유를 설명하는 것입니다.

このプレゼンテーションは~するためのものです
이 프레젠테이션은 ~하기 위한 것입니다

- このプレゼンテーションは、中国での新しい工場の敷地を決定するためのものです。
  이 프레젠테이션은 중국에서의 새로운 공장 부지를 결정하기 위한 것입니다.

- このプレゼンテーションは、日本の歴史を正しく理解していただくためのものです。
  이 프레젠테이션은 일본의 역사를 바르게 이해하고자 하기 위한 것입니다.

~することが私の目的です
~하는 것이 저의 목적입니다

- 新技術に対する最新情報をお伝えすることが私の目的です。
  신기술에 대한 최신 정보를 알려드리는 것이 저의 목적입니다.

Pattern 12. ~하려고 이 자리에 나왔습니다  Track 12

~するために
~하기 위해서

- 私は新しいビジネスプロジェクトを発表するためにこの場に立ちました。
  저는 새로운 비즈니스 프로젝트를 발표하기 위해 이 자리에 나왔습니다.

- 販売を増加させる核心戦略を紹介するためにこの場に立ちました。
  판매를 증가시킬 핵심 전략을 소개하기 위해 이 자리에 나왔습니다.

- 私は会社を代表してこの場に立ちました。
  저는 회사를 대표하여 이 자리에 나왔습니다.

- 顧客のための高脂肪製品に代わる代替品を検討するためにこの場に集まりました。
  고객을 위한 고지방 제품을 대체할 수 있는 대체품을 검토하기 위해 이 자리에 모였습니다.

- 私たちは今日、プロジェクトの進展状況を確認するためにこの場に集まりました。
  저희는 오늘 프로젝트의 진전 상황을 확인하기 위해 이 자리에 모였습니다.

Pattern 13. 오늘 프레젠테이션은 ~하고자 기획되었습니다  Track 13

お知らせする
알리다

- 今日のプレゼンテーションは、皆様に会社が新規保険制度を採決したことをお知らせするために企画致しました。
  오늘 프레젠테이션은 여러분들에게 회사가 신규 보험 제도를 채택하였다는 것을 알리고자 기획되었습니다.

- 今日のプレゼンテーションは、皆様に、よりよいマネージャーになるための10のステップについてお伝えするために構成されています。
  오늘 프레젠테이션은 여러분에게 더 나은 매니저가 되는 10단계에 대해서 전해드리고자 구성되었습니다.

- 今日のプレゼンテーションは、皆様に会社の経営状況についてお伝えするためのものです。
  오늘 프레젠테이션은 여러분에게 회사의 경영 상황에 대해 전해드리기 위한 것입니다.

Pattern 14. 이 프레젠테이션이 ~하길 바랍니다

 Track 14

- このプレゼンテーションが皆様と会社のお役に立ちますことを願っております。
  이 프레젠테이션이 여러분과 회사에 도움이 되기를 바랍니다.

- このプレゼンテーションが、人事課に志願する方々のお役に立てればと願っております。
  이 프레젠테이션이 인사과 자리에 지원하는 분들에게 도움이 되기를 바랍니다.

- このプレゼンテーションを通して、皆様が国際貿易の動向を理解してくださることを願っております。
  이 프레젠테이션을 통해 여러분이 국제 무역의 동향을 이해하기를 바랍니다.

- このプレゼンテーションを通して、新商品とサービスについてご理解いただけると思います。
  이 프레젠테이션을 통해 신상품과 서비스에 대해서 이해하게 될 것이라고 생각합니다.

- このプレゼンテーションを通して、海外市場に進出する適期についてお分かりいただけるでしょう。
  이 프레젠테이션을 통해 해외시장에 진출할 적기에 대해 알게 될 것입니다.

- 今日のプレゼンテーションで、世界的な経済不況の要因をご理解いただけると思います。
  오늘 프레젠테이션으로 세계적인 경제 불황의 요인을 이해하게 될 것이라고 생각합니다.

くださる 주시다
▶ くれる, 与える의 존경어

いただく 받다
▶ もらう의 겸양어

Words & Expressions

▶ 到達(とうたつ)する 도달하다 ▶ 動機付(どうきづ)け 동기부여
▶ 敷地(しきち)を決定(けってい)する 부지를 결정하다 ▶ 代替品(だいたいひん) 대체품 ▶ 適期(てっき) 적기

Pattern Review

지금까지 앞에서 살펴 본 일본어 프레젠테이션 핵심 패턴을 확인해 보세요.

1. 오늘 프레젠테이션의 목적은 여러분이 보다 더 효율적으로 일을 할 수 있도록 동기 부여를 하는 것입니다.

2. 이 프레젠테이션은 중국에서의 새로운 공장 부지를 결정하기 위한 것입니다.

3. 이 프레젠테이션을 통해 여러분이 국제 무역의 동향을 이해해 주시기를 바랍니다.

4. 저는 회사를 대표하여 이 자리에 나왔습니다.

5. 이 프레젠테이션이 여러분과 회사에 도움이 되기를 바랍니다.

6. 저희는 오늘 프로젝트의 진전 상황을 확인하기 위해 이 자리에 모였습니다.

Answers

1. 本日のプレゼンテーションの目的は、皆さんがより効率的に仕事ができるよう動機付けをすることです。
2. このプレゼンテーションは、中国での新しい工場の敷地を決定するためのものです。
3. このプレゼンテーションを通して、皆様が国際貿易の動向を理解してくださることを願っております。
4. 私は会社を代表してこの場に立ちました。
5. このプレゼンテーションが皆様と会社のお役に立ちますことを願っております。
6. 私たちは今日、プロジェクトの進展状況を確認するためにこの場に集まりました。

Chapter 05 — 개요 설명과 공지사항 안내하기

이제 프레젠테이션의 내용을 청중에게 어떻게 인상적이며 효과적으로 요약 정리하여 소개하느냐가 관건입니다. 본론에 들어가기에 앞서 발표할 본 내용을 몇 가지로 간략하게 정리한 후, 청중에게 미리 설명하면 프레젠테이션의 전체적인 개요를 이해하는데 큰 도움이 되겠죠.

JAPANESE PRESENTATION

Pattern 15. ~부분으로 나누어 말씀드리겠습니다

 Track 15

본론으로 들어가기에 앞서 간략하게 내용을 정리하고자 할 때

- これから3つのパートに分けて説明致します。
  지금부터 세 부분으로 나누어 설명하겠습니다.

- これから3つのパートに分けてお話しさせていただきます。
  지금부터 세 부분으로 나누어 말씀드리겠습니다.

- 大きく3つに分けて、お話し致します。
  크게 세 부분으로 나누어 설명하겠습니다.

- 私のプレゼンテーションは4つのパートからできています。
  제 프레젠테이션은 네 부분으로 되어 있습니다.

- 私のプレゼンテーションは4つのパートに分かれています。
  제 프레젠테이션은 네 부분으로 나누어 있습니다.

- 私のプレゼンテーションは次のように4つの部分で構成されています。
  제 프레젠테이션은 다음과 같이 네 부분으로 구성되어 있습니다.

~からなっており
~으로 되어 있고
▶ ~からなっていて의 겸양어

- 私のプレゼンテーションは3つのパートからなっており、この後、20分間の質疑応答の時間がございます。
  제 프레젠테이션은 세 부분으로 되어 있고, 이 후 20분간의 질의 시간이 있겠습니다.

Pattern 16. 세 가지 ~에 대해 말씀드리겠습니다

발표 내용이 세 부분으로 나뉘어져 있는 경우에는 두 가지로 요약하여 표현할 수 있다.
▶ まず 먼저, 次(つぎ)に 다음으로, 最後(さいご)に 마지막으로
▶ 第一(だいいち)に 첫 번째로, 第二(だいに)に 두 번째로, 第三(だいさん)に 세 번째로

- 今回は自由市場経済の3つの要素についてお話し致します。
  이번에는 자유 시장 경제의 세 가지 요소에 대해 말씀드리겠습니다.

- 私のプレゼンテーションでは、保険制度の3つの側面についてご説明致します。まず、全般的な特徴、次に契約書の単純化、そして最後に保険契約書の構成です。
  제 프레젠테이션에서는 보험 제도의 세 가지 측면에 대해 설명하겠습니다. 먼저 전반적인 특징, 다음으로 계약서의 단순화, 그리고 마지막으로 보험 계약서의 구성입니다.

- 私のプレゼンテーションでは、次の3つの重要事項について申し上げます。初めに、市場の可能性、次に開発プログラム、最後に今後の経営戦略です。
  제 프레젠테이션에서는 다음의 세 가지 주요 사항에 대해 말씀드리겠습니다. 처음으로 시장의 가능성, 다음으로 개발 프로그램, 마지막으로 앞으로의 경영 전략입니다.

- 私は今日、3つのことについて申し上げたいと思います。まず、第一にタッチコントロールが装着されたワイドスクリーンアイパッド、第二に革命的なモバイルホーン、第三に核心的なインターネットコミュニケーションデバイスについてです。
  저는 오늘 세 가지를 말씀드리고자 합니다. 먼저 첫 번째로 터치 컨트롤이 장착된 와이드스크린 아이패드, 두 번째로 혁명적인 모바일 폰, 세 번째로 핵심적인 인터넷 커뮤니케이션 디바이스에 대해서입니다.

- 私のプレゼンテーションは次のように4つの部分で構成されています。まず、今年達成した成果を申し上げたいと思います。次に、これまで直面した問題点とそれを克服した方法について述べ、そして、来年の成長の可能性を探り、最後に本プレゼンテーションを締めたいと思います。
  제 프레젠테이션은 다음과 같이 네 부분으로 구성되어 있습니다. 먼저 금년에 달성한 성과를 말씀드리려고 합니다. 다음으로 그간 직면했던 문제점들과 이를 극복한 방법에 대해 언급할 것이며, 그리고 내년의 성장 가능성을 살펴보고, 마지막으로 본 프레젠테이션을 마무리하려고 합니다.

Pattern 17. 소요시간은 ~분 정도입니다

- このプレゼンテーションの所要時間は30分くらいです。
  이 프레젠테이션의 소요시간은 30분 정도입니다.

- このプレゼンテーションは約30分程です。
  이 프레젠테이션은 약 30분 정도입니다.

- 私のプレゼンテーションはほんの15分程で終わります。
  제 프레젠테이션은 단 15분 만에 끝날 것입니다.

- 私のプレゼンテーションは20分くらいですから、集中してお聞きください。
  제 프레젠테이션은 20분 정도 걸리므로, 집중해서 들어 주세요.

ほんの
▶ 그저 명색뿐인 아주 적은 양을 의미. 자주 쓰는 표현으로 ほんの少し(아주 적음)가 있다.

Pattern 18. ~가 있겠습니다

- プレゼンテーションが終わった後、質疑応答の時間があります。
  프레젠테이션이 끝난 후에 질의 문답 시간이 있겠습니다.

- 一つのプレゼンテーションが終わった後、10分の休憩時間があります。
  하나의 프레젠테이션이 끝난 후에 10분의 휴식 시간이 있겠습니다.

- 休憩時間にお茶がご用意してありますので、ご自由にお召し上がりください。
  휴식 시간에 차가 준비되어 있으므로 자유롭게 드세요.

- どのようなご質問でも喜んでお受け致します。
  어떠한 질문이든 기꺼이 받겠습니다.

Words & Expressions

▶ 質疑応答(しつぎおうとう)の時間(じかん) 질의 문답 시간 ▶ 述(の)べる 말하다, 진술하다 ▶ 所要(しょよう) 소요
▶ 休憩時間(きゅうけいじかん) 휴식 시간

Pattern Review

지금까지 앞에서 살펴 본 일본어 프레젠테이션 핵심 패턴을 확인해 보세요.

1. 지금부터 세 부분으로 나누어 설명하겠습니다.

2. 제 프레젠테이션은 네 부분으로 되어 있습니다.

3. 이 프레젠테이션의 소요시간은 30분 정도입니다.

4. 하나의 프레젠테이션이 끝난 후에 10분의 휴식 시간이 있겠습니다.

5. 제 프레젠테이션에서는 보험 제도의 세 가지 측면에 대해 설명하겠습니다. 먼저 전반적인 특징, 다음으로 계약서의 단순화, 그리고 마지막으로 보험 계약서의 구성입니다.

6. 어떠한 질문이든 기꺼이 받겠습니다.

Answers

1. これから3つのパートに分けて説明致します。
2. 私のプレゼンテーションは4つのパートからできています。
3. このプレゼンテーションの所要時間は30分くらいです。
4. 一つのプレゼンテーションが終わった後、10分の休憩時間があります。
5. 私のプレゼンテーションでは、保険制度の3つの側面についてご説明致します。まず、全般的な特徴、次に契約書の単純化、そして最後に保険契約書の構成です。
6. どのような質問でも喜んでお受け致します。

Chapter 06 본론 들어갈 때 주제 언급하기

이제까지 프레젠테이션을 시작하는 오프닝에서 인사 및 발표 내용에 대한 전반적인 개요를 설명했다면, 이제 본격적으로 프레젠테이션의 본론에 들어가야 하는데요. 프레젠테이션의 주제를 거론하면서 본론에 맨 처음 들어갈 때 사용하는 표현들을 알아보기로 해요.

JAPANESE PRESENTATION

Pattern 19. ~으로 시작하겠습니다  Track 19

始めさせていただきます 시작하겠습니다
始めたいと思います 시작하려고 생각합니다
始めてみましょう 시작해 봅시다
▶ 프레젠테이션을 시작하는 다양한 표현

- **業界の動向についての概念**からプレゼンテーションを始めさせていただきます。
  업계 동향에 대한 개념으로 프레젠테이션을 시작하겠습니다.

- **本プレゼンテーションで取り上げる事柄**について説明してから始めたいと思います。
  본 프레젠테이션에서 다룰 사항에 대해 설명하는 것으로 시작하겠습니다.

- **新しい税金の法規**について検討することから始めてみましょう。
  새로운 세금 법규에 대해 검토하는 것으로 시작해 봅시다.

- **わが社**について手短に紹介して始めさせていただきます。
  저희 회사에 대하여 간략히 소개하는 것으로 시작하겠습니다.

- **まず、技術開発の重要性**について申し上げてから始めさせていただきます。
  우선, 기술 개발의 중요성에 대해 말씀을 드리고 시작하겠습니다.

- **貴社との長いお付き合い**に感謝申し上げながら始めさせていただきたいと思います。
  귀사의 지속적인 거래에 감사드린다는 말씀을 드리면서 시작하려고 합니다.

- **まず、問題の規模**についてお話しさせていただきます。
  먼저, 문제의 규모에 대해 말씀드리겠습니다.

これより=これから 지금부터
▶ これより가 더 격식을 차린 말

- では、これよりプレゼンテーションを始めることにします。
  그럼 이제 프레젠테이션을 시작하죠.

- それではこれからプレゼンテーションを始めることに致しましょう。
  그럼 지금부터 프레젠테이션을 시작하기로 하죠.

- **私どもの新商品を皆様**にご紹介することから始めさせていただきます。
  저희 신상품을 여러분에게 소개해 드리는 것으로 시작하겠습니다.

Pattern 20. ~을 이해시켜드리고 싶습니다

~という
~라고 하는

- 皆様にその問題がどれだけ深刻であるかということをご理解いただきたいと思います。
  여러분에게 그 문제가 얼마나 심각한지를 이해해 주셨으면 합니다.

- ネット上で商品とサービスの宣伝をするという点をご理解いただきたいと思います。
  온라인상으로 상품과 서비스 광고를 한다는 점을 이해해 주셨으면 합니다.

- 作業時間の損失及び生産性の低下が何を意味するかということを皆様にご理解いただきたいと思います。
  작업시간 손실 및 생산성 저하가 무엇을 의미하는지를 여러분이 이해해 주셨으면 합니다.

- 社員に動機付けをさけることの重要性について皆様にご理解いただきたいと思います。
  사원들에게 동기를 부여하는 것의 중요성에 대해서 여러분이 이해해 주셨으면 합니다.

感(かん)じずにはいられません
＝どうしても…してしまいます
아무래도 ~하고 맙니다
▶ 어떤 감정이나 동작을 억누르려고 하지만 그렇게 되질 않는다는 의미

- 皆様を見ていると私のしていることがどれだけ重要かということを感じずにはいられません。
  여러분을 뵈니 제가 하고 있는 일이 얼마나 중요한지를 생각나게 합니다.

- 青少年の携帯電話依存症の現状について皆様にお伝えしたいと思います。
  청소년들의 휴대폰 중독 현상에 대해 여러분에게 전해 드리고 싶습니다.

- マーケティングのテクニックを皆様にお伝えしたいと思います。
  마케팅 기법을 여러분에게 알려 드리려고 합니다.

- 広告の影響の強さを皆様にお伝えしたいと思います。
  광고의 영향력이 얼마나 강력한 지를 여러분들에게 전해드리고 싶습니다.

- 経済がどれだけ深刻か知っていただきたいと思います。
  경제가 얼마나 심각한지 알려드리고 싶습니다.

Pattern 21. ~에 대한 제 의견을 말씀드리겠습니다

 Track 21

- 長期の予算赤字問題について私の意見を申し上げます。
  장기 예산 적자 문제에 대한 제 의견을 말씀드리겠습니다.

- ヘルスケア改革の新しい政策について二つお話しさせていただきたいと思います。
  의료 보험 개혁의 새로운 정책에 대해 두 가지를 말씀드리고 싶습니다.

- 財政赤字が会社に及ぼす影響についてお話しさせていただきます。
  재정 적자가 회사에 미치는 영향에 대해 말씀드리겠습니다.

- 最近の調査結果について三つお話し申し上げます。
  최근 조사 결과에 대해서 세 가지를 말씀드리겠습니다.

- その決定に至った背景について私の意見を申し上げます。
  그 결정을 내리게 된 배경에 대해 제 의견을 말씀드리겠습니다.

- 私の意見はこうです。
  제 의견은 이렇습니다.

- それは私の個人的な意見です。
  그것은 제 개인적인 의견입니다.

お話しする 말하다
- 「お＋동사 ます形＋する」는 겸양 표현

お話しさせていただく 말하겠다
- 「お＋동사 ます形＋させていただく」는 사역수동 표현

Words & Expressions

- 事柄(ことがら) 사항, 일
- 手短(てみじか)に 간략하게
- ヘルスケア改革(かいかく) 의료 보험 개혁
- 財政赤字(ざいせいあかじ) 재정 적자

Pattern Review

지금까지 앞에서 살펴 본 일본어 프레젠테이션 핵심 패턴을 확인해 보세요.

1. 최근 조사 결과에 대해서 세 가지를 말씀드리겠습니다.

2. 업계 동향에 대한 개념으로 프레젠테이션을 시작하겠습니다.

3. 장기 예산 적자 문제에 대한 제 의견을 말씀드리겠습니다.

4. 마케팅 기법을 여러분에게 전해 드리려고 합니다.

5. 사원들에게 동기를 부여하는 것의 중요성에 대해서 여러분이 이해해 주셨으면 합니다.

6. 그 결정을 내리게 된 배경에 대해 제 의견을 말씀드리겠습니다.

Answers
1. 最近の調査結果について三つお話し申し上げます。
2. 業界の動向についての概念からプレゼンテーションを始めさせていただきます。
3. 長期の予算赤字問題について私の意見を申し上げます。
4. マーケティングのテクニックを皆様にお伝えしたいと思います。
5. 社員に動機付けをさけることの重要性について皆様にご理解いただきたいと思います。
6. その決定に至った背景について私の意見を申し上げます。

Chapter 07 주제 세분화할 때 소주제 언급하기

서론에서 개요를 설명할 때 주제에 대한 전반적인 요약 정리가 간단하게 이루어졌는데요. 본격적으로 프레젠테이션을 진행하게 되는 본론에 들어와서는 이제 청중에게 주제를 상세하게 언급해야 할 때입니다. 따라서 주제에 딸린 소주제들에 대한 언급도 세분화하여 구체적으로 제시해야겠죠.

JAPANESE PRESENTATION

Pattern 22. 첫 번째로 말씀드리고 싶은 것은 ~에 관해서입니다
 Track 22

- 核心的な技術についてお話しさせていただきます。まず最初に私が申し上げたいことは考え方を変えることの重要性についてです。
  혁신적인 기술에 대해 말씀드리겠습니다. 먼저 첫 번째로 제가 말씀드리고 싶은 것은 생각을 바꾸는 것의 중요성에 대해서입니다.

- 初めに私どもの中核事業についての近況を申し上げます。
  첫 번째로 저희 핵심 사업에 대한 근황을 말씀드리겠습니다.

- 新しいシステムの利点について申し上げます。一番初めに申し上げたいことは、システムの効率性です。
  새로운 시스템의 이점을 말씀드리겠습니다. 첫 번째로 말씀드리고 싶은 것은 시스템의 효율성입니다.

- 初めに強く申し上げたいことは、海外投資の戦略についてです。
  첫 번째로 강조해서 말씀드리고 싶은 것은 해외 투자 전략에 대해서입니다.

- 何よりもまず、重点的に申し上げたいことは新しい広告キャンペーンについてです。
  무엇보다 먼저, 중점적으로 말씀드리고 싶은 것은 새로운 광고 캠페인에 대해서입니다.

- まず、次の三つについて申し上げます。デザイン、価格の策定、そして流通です。
  먼저, 다음 세 가지를 말씀드리겠습니다. 디자인, 가격 책정 그리고 유통입니다.

- まず、消費者の購買行動理論について詳しくご説明申し上げます。
  먼저, 소비자 구매행동 이론에 대해 상세히 설명해드리겠습니다.

- まず最初に、根本的な原則について申し上げます。
  먼저 첫 번째로 근본적인 원칙에 대해 말씀드리겠습니다.

> はじめ는 두 가지 한자를 쓰는데 시간적인 처음은 初め(처음, 첫 번째), 일의 시작에는 始め(시작)를 쓴다. 初め=first, 始める=start로 이해하면 빠르다.

Pattern 23. 지금부터 ~의 다음 항목으로 넘어가려고 합니다

- これからプレゼンテーションの次の項目に移りたいと思います。
  지금부터 프레젠테이션의 다음 항목으로 넘어가려고 합니다.

- これからプレゼンテーションの二つ目の主題に移りたいと思います。
  지금부터 프레젠테이션의 두 번째 주제로 넘어가려고 합니다.

- 次に、海外旅行の経費増加の項目に移りたいと思います。
  다음으로 해외 여행의 경비 증가의 항목으로 넘어가려고 합니다.

- これは予算削減の二番目の項目と関連しています。
  이것은 예산 절감의 두 번째 항목으로 관련됩니다.

- これは、最も重要な項目である来年の会計年度の目標につながります。
  이것은 가장 중요한 항목인 내년 회계 연도의 목표로 이어집니다.

- 次のパートに移って、生産計画について論議致します。
  다음 파트로 넘어가서, 생산 계획에 대해서 논의하겠습니다.

- それでは、三番目の主題に移らせていただいて、ストライキについての深刻な問題点を考えてみたいと思います。
  그럼 세 번째 주제로 넘어가서 파업에 대한 심각한 문제점을 살펴보려고 합니다.

~に移(うつ)る
~으로 이동하다

~につながる
~에 이어지다

Pattern 24. 마지막으로 ~을 말씀드리고자 합니다

- 最後に、プロジェクトについてのいくつかの提案事項を申し上げたいと思います。
  마지막으로 프로젝트에 대한 몇 가지 제안사항을 말씀드리고자 합니다.

- これから私のプレゼンテーションの最後のパートである社会的不安を克服する方法についてお話しさせていただきます。
  지금부터 제 프레젠테이션의 마지막 파트인 사회적 불안을 극복하는 방법에 대해서 말씀드리겠습니다.

- 最後に、顧客の話に耳を傾けなければならないという点を申し上げたいと思います。
  마지막으로 고객의 말에 관심을 기울여야만 한다는 점을 말씀드리고자 합니다.

- 最後に販売不振に対するよりよい対処法をお話しさせていただきます。
  마지막으로 판매 부진에 대해서 보다 나은 대처법을 말씀드리겠습니다.

- 最後の主題は、携帯電話部門の今後の見通しについてです。
  마지막 주제는 이동 전화 부문의 향후 전망에 관해서입니다.

Pattern 25. 이상으로 ~을 마치겠습니다
Track 25

以上で~を終わります
이상으로 ~를 마치겠습니다

- 以上で私が準備した三つの報告事項を終わります。
  이상으로 제 발표 주제에 대한 세 가지 보고 사항을 마치겠습니다.

- 以上で技術的な問題に関するプレゼンテーションを終わらせていただきます。
  이상으로 기술적인 문제에 관한 프레젠테이션을 마치겠습니다.

- では、これでプレゼンテーションの最初の報告事項を終わらせていただきます。
  그럼 이것으로 프레젠테이션의 첫 보고 사항을 마치겠습니다.

- 以上で、プレゼンテーションの二番目の報告事項を終わらせていただきます。
  이상으로 프레젠테이션의 두 번째 보고 사항을 마칩니다.

- 私のプレゼンテーションはこれで終わらせていただきます。
  제 프레젠테이션은 여기서 마치겠습니다.

- これで日本と韓国の文化の違いについての発表を終わりたいと思います。
  이것으로 일본과 한국 문화차이에 대한 발표를 마치려고 합니다.

Words & Expressions

▶ 消費者(しょうひしゃ) 소비자 ▶ 購買行動理論(こうばいこうどうりろん) 구매행동 이론
▶ 見通(みとお)し 전망

Pattern Review

지금까지 앞에서 살펴 본 일본어 프레젠테이션 핵심 패턴을 확인해 보세요.

1. 먼저 첫 번째로 근본적인 원칙에 대해 말씀드리겠습니다.

2. 첫 번째로 저희 핵심 사업에 대한 근황을 말씀드리겠습니다.

3. 지금부터 프레젠테이션의 두 번째 주제로 넘어가려고 합니다.

4. 마지막 주제는 이동 전화 부문의 향후 전망에 관해서입니다.

5. 마지막으로 프로젝트에 대한 몇 가지 제안사항을 말씀드리고자 합니다.

6. 제 프레젠테이션은 여기서 마치겠습니다.

Answers
1. まず最初に、根本的な原則について申し上げます。
2. 初めに、私どもの中核事業についての近況を申し上げます。
3. これからプレゼンテーションの二つ目の主題に移りたいと思います。
4. 最後の主題は、携帯電話部門の今後の見通しについてです。
5. 最後にプロジェクトについてのいくつかの提案事項を申し上げたいと思います。
6. 私のプレゼンテーションはこれで終わらせていただきます。

Chapter 08

주제 전개할 때 주장하기

본론에서는 서론에서 제시한 주제와 관련된 핵심 메시지를 소주제들로 세분하여, 이에 대한 보충 설명을 상세하게 제시하는 부분입니다. 발표자가 자신의 개인적인 의견이나 감정에 치우쳐 주장하기보다는 발표 분야의 전문가로서 객관적이고 타당성 있는 주장을 해야 청중에게 어필할 수 있겠죠.

J A P A N E S E   P R E S E N T A T I O N

Pattern 26. ~이라는 것이 저의 주장입니다

 Track 26

- 契約の締結が遅延すれば、経費が増加するというのが私の主張です。
  계약 체결이 지연되면 경비가 증가할 것이라는 것이 저의 주장입니다.

- この計画を実行すれば、会社の収益が増加するというのが私の主張です。
  이 계획을 실행하면 회사 수익이 증가할 것이라는 것이 저의 주장입니다.

- 多くの職員の賃金ガイドライン案件が、できる限り透明でなければならないと強く主張します。
  많은 직원의 임금 가이드라인 안건이 최대한 투명해야 한다고 강력히 주장합니다.

- 私は部署間の協力を強化しなければならないと強く訴えます。
  저는 부서 간 협력을 강화해야 한다고 강력하게 호소합니다.

- 私は消費者管理を保証するために、その制度を維持しなければならいという点を強く訴えます。
  저는 소비자 권리를 보장하기 위해서 그 제도를 유지해야 한다는 점을 강력히 호소합니다.

- 多くの会員たちが、新入会員のための新規登録の規定の案件に支持すると主張しています。
  많은 회원들은 신입 회원을 위한 신규 등록 규정 안건에 지지하는 것을 주장하고 있습니다.

- 労働者の代表は賃金凍結対策に反対だと主張しています。
  노동자 대표는 임금 동결 대책에 반대한다는 것을 주장했습니다.

- 私は今、購買促進に力を入れるべきだと思います。
  저는 지금 구매 촉진에 힘을 쏟아야 한다고 생각합니다.

- 私は海外での事業を拡張するのを中止すべきだと思います。
  저는 해외로 사업을 확장하는 일을 중지해야 한다고 생각합니다.

~なければならない … = ~なくてはならない ~しなければ安 된다
▶ ~なくてはならないい는 회화체. 강한 부정 표현인 ~だめです(안 됩니다)는 쓰지 않도록 한다.

자신이 주장하는 바를 좀 더 강력하게 어필하고자 할 때에는 べきだと思います를 쓴다.

Pattern 27. ~라고 생각합니다  Track 27

청중에게 강한 어조로 주장해야 할 경우가 아니라면, 주장하고자 하는 바를 다소 완화하여 자신의 견해를 제시함으로써 청중의 동의를 유도

- 私の考えでは、新しい需要に応して製品を多様化する必要があると思います。
  제 생각으로는 새로운 수요에 대응하여 제품을 다양화할 필요가 있다고 생각합니다.

- 私は金銭問題について現実的な判断をしなければならないと思います。
  저는 금전 문제에 대해서 현실적인 판단을 해야 한다고 생각합니다.

- 私の知っている限りでは、これ程悲惨な事故はなかったと思います。
  제가 아는 바로는 이보다 더 심각한 사고는 없었다고 생각합니다.

- 私の考えでは、我が部署は今年の予算を越えていると思います。
  제 생각으로는 우리 부서는 올해의 예산을 초과했다고 생각합니다.

- 私の見る限りでは、今までそのような問題点はなかったと思います。
  제가 보기로는 지금까지 그러한 문제점은 없었다고 생각합니다.

- 私は不安を無くせば経営難は克服できると信じています。
  저는 불안을 없애면 경영난은 극복할 수 있을 것이라고 믿습니다.

Pattern 28. ~을 확신합니다  Track 28

- 私はこのプロジェクトが会社の発展に寄与することを確信します。
  저는 이 프로젝트가 회사 발전에 기여할 것이라고 확신합니다.

- 私どもが有望な産業モデルとなるということを確信します。
  저희가 유망한 사업 모델이 되리라는 것을 확신합니다.

- 私は彼が今後この部署をうまく引っ張っていってくれるということを確信しています。
  저는 그가 앞으로 이 부서를 잘 이끌어 나갈 수 있으리라는 것을 확신합니다.

- 私は中国への投資がまだまだいけるという確信を持っています。
  저는 중국 투자가 아직은 가능성이 있다는 확신을 갖고 있습니다.

- 私どもは小資本でニッチ市場を開拓できるという確信を持っています。
  저희가 소자본으로 틈새시장을 개척할 수 있다는 확신을 갖고 있습니다.
- 私は今度の新商品がすべての面において優れているという確信を持っています。
  저는 이번 신상품이 모든 측면에서 앞서 있다는 확신을 갖고 있습니다.

Pattern 29. 무엇보다도 / 특히 ~해야 합니다

 Track 29

- 何よりも管理費用と時間費用を節約しなければなりません。
  무엇보다도 관리 비용과 시간 비용을 절약해야 합니다.
- 特に、すべての製品をできるだけ早く回収しなければなりません。
  특히 모든 제품을 가능한 한 빨리 회수해야 합니다.

できるだけ
＝できる限(かぎ)り
가능한 한

- 何よりも生産職社員がモチベーションを維持できるような報奨制度を作らなければなりません。
  무엇보다도 생산직 사원이 동기 부여를 가질 만한 보상 제도를 만들어야 합니다.
- 何よりもマーケティング戦略の重要性を強調する必要があります。
  무엇보다도 마케팅 전략의 중요성을 강조할 필요가 있습니다.
- 社員、特にコンピューターエンジニアを定期的に再教育する必要があります。
  사원, 특히 컴퓨터 엔지니어를 정기적으로 재교육시킬 필요가 있습니다.

Words & Expressions

▶ 収益(しゅうえき)が増加(ぞうか)する 수익이 증가하다　▶ 賃金(ちんぎん) 임금　▶ 引(ひ)っ張(ぱ)る 끌어당기다
▶ 小資本(しょうしほん) 소자본　▶ ニッチ市場(しじょう) 틈새시장　▶ 開拓(かいたく) 개척
▶ 報奨制度(ほうしょうせいど) 보상 제도

Pattern Review

JAPANESE PRESENTATION

지금까지 앞에서 살펴 본 일본어 프레젠테이션 핵심 패턴을 확인해 보세요.

1. 저는 지금 구매 촉진에 힘을 쏟아야 한다고 생각합니다.

2. 저는 이번 신상품이 모든 측면에서 앞서 있다는 확신을 갖고 있습니다.

3. 특히 모든 제품을 가능한 한 빨리 회수해야 합니다.

4. 무엇보다도 마케팅 전략의 중요성을 강조할 필요가 있습니다.

5. 저희가 유망한 사업 모델이 되리라는 점을 확신합니다.

6. 제가 보기로는 지금까지 그러한 문제점은 없었다고 생각합니다.

Answers

1. 私は今、購買促進に力を入れるべきだと思います。
2. 私は今度の新商品がすべての面において優れているという確信を持っています。
3. 特にすべての製品をできるだけ早く回収しなければなりません。
4. 何よりもマーケティング戦略の重要性を強調する必要があります。
5. 私どもが有望な産業モデルとなるということを確信します。
6. 私の見る限りでは、今までそのような問題点はなかったと思います。

Chapter 09

주제 전개할 때 강조하기

각각의 소주제에 대한 내용을 논리적으로 전개하는 본론에서, 발표자는 특별히 청중에게 강조하고자 하는 중요한 사항들이 있을 텐데요. 이번 장에서는 프레젠테이션의 핵심적인 사항을 강조할 때 유용하게 사용할 수 있는 패턴들을 살펴보기로 해요.

JAPANESE PRESENTATION

Pattern 30. 이것이 바로~입니다

 Track 30

- これがずばり私が申し上げたいことです。
  이것이 바로 제가 말씀드리고자 하는 바입니다.

'바로'는 ずばり, まさに, すぐに, 直(ただ)ちに로 표현

- 貴社のソフトウェアプログラムは古すぎます。これがまさにすべての問題の原因です。
  귀사의 소프트웨어 프로그램은 구식입니다. 그것이 바로 이 전체 문제의 핵심입니다.

- 正しいと思ったらすぐに実行に移すべきです。
  옳다고 생각하면 바로 실행에 옮기는 법입니다。

- できるだけ早く販売目標を達成するためにあらゆる方法を講じなければなりません。これが直ちに私たちがしなければならないことです。
  가능한 한 빨리 판매 목표를 달성하기 위해 모든 방법을 강구해야 합니다. 이것이 바로 우리가 해야 할 사항입니다.

~することこそ
~하는 것이야말로

- 未然に事故を防止するために、事前に装備を点検することこそ、経済的な利益をもよおします。
  미연에 사고를 방지하기 위해 미리 장비를 점검하는 것이야말로 회사에 재정적인 이익을 가져다 줍니다.

~のみ
~만

- 故障した機械を買い換えるよりは当該部品の修理や交換のみで対処するほうがはるかに経済的です。資源を大切にすることこそ、自然環境保護につながるのです。
  고장 난 기계를 새로 사는 것 보다는 해당부품을 수리하거나 교환하는 것만으로 처리하는 것이 훨씬 경제적입니다. 자원을 소중히 하는 것이야말로 자연환경보호로 연결되는 것입니다.

Pattern 31. 제가 강조하고 싶은 것은 ~입니다  Track 31

私が強調(きょうちょう)したいのは~です
제가 강조하고 싶은 것은 ~입니다

- 私が強調したいのは、減税政策です。
  제가 강조하고 싶은 것은 세금 감면 정책입니다.

- 私が強調したいことは、私たちの目標がIT産業においてトップになるということです。
  제가 강조하고 싶은 것은 우리의 목표가 IT 산업에서 가장 선두적인 회사가 되는 것이라는 점입니다.

- 私が強調したいのは、現在会社が困難な決断を迫られているということです。
  제가 강조하고 싶은 것은 현재 회사가 어려운 결단에 봉착해 있다고 하는 점입니다.

- 私が強調したいのは、彼らがわが社との合併を強く望んでいるという点です。
  저희가 강조하고 싶은 것은 그들이 우리 회사와의 합병을 강하게 원하고 있다는 점입니다.

Pattern 32. 중요한 점은 ~점입니다  Track 32

重要(じゅうよう)な点は~です
중요한 점은 ~입니다

- 重要な点は、工場での生産量を増やす方法を見つけることです。
  중요한 점은 공장에서 생산량을 늘릴 방법을 찾는 것입니다.

- 重要な点は、収益減少が続いているという事実を直視しなければならないという点です。
  중요한 점은 수익 감소가 계속되고 있다는 사실을 직시해야 한다는 점입니다.

~することが何よりも重要です
~하는 것이 무엇보다 중요합니다

- 各部署の予算を20%まで削減することが何よりも重要です。
  각부서의 예산을 20%까지 삭감하는 것이 무엇보다도 중요합니다.

- 社員の高い離職率を低減する対策を講じることが何よりも重要です。
  사원의 높은 이직률을 줄일 수 있는 대책을 강구하는 것이 무엇보다도 중요합니다.

- 会社のイメージを改善させることが何よりも重要です。
  회사의 이미지를 개선시켜야 하는 것이 무엇보다도 중요합니다.

Pattern 33. ~을 강조하고 싶습니다

 Track 33

~を強調したいと思います
~을 강조하고 싶습니다

- 私は特に建設分野での安全の重要性を強調したいと思います。
  저는 특히 건설 분야에서의 안전의 중요성을 강조하고 싶습니다.

- 私たちに必要なのは変化と革新だという点を強調したいと思います。
  우리에게 필요한 것은 변화와 혁신이라는 점을 강조하고 싶습니다.

- 今回の四半期にどうすればより収益を上げられるかということを強調したいと思います。
  이번 분기에 어떻게 하면 수익을 높일 수 있을 지를 강조하고 싶습니다.

- その問題は慎重に扱う必要があるということを強調したいと思います。
  그 문제를 신중하게 다룰 필요가 있다는 것을 강조하고 싶습니다.

~についてもう一度強調したいと思います
~에 대해 다시 한 번 강조하고 싶습니다

- 私のプレゼンテーションを終える前に、主要事項についてもう一度強調しておきたいと思います。
  저의 프레젠테이션을 마치기 전에 주요 사항에 대해서 한 번 더 강조하려고 합니다.

Words & Expressions

- 講(こう)じる 강구하다
- 利益(りえき)をもたらす 이익을 가져오다
- 迫(せま)る 다가오다, 바싹 따르다
- 四半期(しはんき) 분기

Pattern Review

지금까지 앞에서 살펴 본 일본어 프레젠테이션 핵심 패턴을 확인해 보세요.

1. 이것이 바로 제가 말씀드리고자 하는 바입니다.

   ....

2. 이것이 바로 우리가 해야 할 사항입니다.

   ....

3. 제가 강조하고 싶은 것은 세금 감면 정책입니다.

   ....

4. 회사의 이미지를 개선시켜야 한다는 것이 무엇보다도 중요합니다.

   ....

5. 중요한 점은 공장에서 생산량을 늘릴 방법을 찾는 것입니다.

   ....

6. 저는 특히 건설 분야에서 안전의 중요성을 강조하고 싶습니다.

   ....

Answers
1. これがずばり私が申し上げたいことです。
2. これが直ちに私たちがしなければならないことです。
3. 私が強調したいのは、減税政策です。
4. 会社のイメージを改善させることが何よりも重要です。
5. 重要な点は、工場での生産量を増やす方法を見つけることです。
6. 私は特に建設分野での安全の重要性を強調したいと思います。

Chapter 10

주장 뒷받침할 때 근거 제시하기

자신의 견해나 생각을 전달하는 주관적인 주장만으로는 청중을 설득할 수 없습니다. 자기의 주장을 뒷받침할 수 있는 명확하고 객관적인 근거나 타당한 증거가 수반되어야 청중의 신뢰를 얻을 수 있어요. 주장의 근거로 제시할 수 있는 자료로는 통계 자료, 전문가의 조언, 소비자의 증언, 특수한 경험, 연구 결과, 언론 보도 등이 있겠죠.

JAPANESE PRESENTATION

Pattern 34. ~을 뒷받침하고 있습니다

 Track 34

동사 裏付(うらづ)ける와 裏付けする를 활용하여 자신의 주장을 뒷받침할 수 있다.

- 本日の主題である急激な売上高の低下の主な要因は、顧客からの苦情が裏付けとなっています。
  오늘의 주제인 급격한 매출 저하의 주요 요인은 고객으로부터의 불평이 뒷받침하고 있습니다.

- この客観的な分析が、事実の裏付けとなっています。
  이 객관적인 분석이 사실을 뒷받침하고 있습니다.

- 私の主張の裏付けとなる資料を、後程ご覧いただきたいと思います。
  제 주제를 뒷받침해주는 자료를 잠시 후에 보여드리겠습니다.

- わが社は「歴史に裏付けられた革新」をモットーにしています。
  저의 회사는 '역사로 증명된 혁신'을 모토로 삼고 있습니다.

- 私の主張は、幅広い調査で得た確実な証拠と多くの資料によって裏付けられています。
  저의 주장은 폭넓은 조사로 얻은 확실한 증거와 많은 자료에 의해 뒷받침되고 있습니다.

- 最も重要な点は、この新たな仮説が他の実験によって証明される必要があるということです。
  가장 중요한 점은 이 새로운 가설이 다른 실험적인 증거 과정에 의해 증명이 필요하다는 것입니다.

- 新技術に裏付けされた品質が自慢です。
  신기술이 뒷받침된 품질이 자랑입니다.

Pattern 35. ~을 근거로 하여

 Track 35

~に基(もと)づいて
~에 근거하여

- 私たちの新製品はこれらの資料に基づいて作られました。
  저희 신제품은 이러한 자료에 근거하여 만들어졌습니다.

- 最近のアンケート調査を基に見てみれば、ここ数年に渡って女性の服やアクセサリーの傾向が大きく変わったことがお分かりいただけると思います。
  최근의 설문조사를 근거로 하면, 지난 몇 년에 걸쳐 여성들의 의류와 액세서리 동향이 크게 바뀌었다는 것을 알 수 있을 것이라고 생각합니다.

- これを根拠として、今がSM株を購入する時期として適切かどうかを決定することが可能となります。
  이를 근거로 하면, 지금이 SM주식을 매입하는 시기로 적당한지 아닌지를 결정하는 것이 가능하게 되었습니다.

- このような即時の措置は安全管理に基づいて行われました。
  이러한 즉각적인 조치는 안전 관리를 근거로 해서 이루어졌습니다.

Pattern 36. ~에 의하면

 Track 36

- 最近の報告書によると、一部のライバル会社が経営難に直面しているということが分かります。
  최근의 보고서에 의하면 일부 경쟁사가 경영난에 직면하고 있다고 하는 것을 알 수 있습니다.

~よれば~そうです
~의하면 ~하다고 합니다
▶ 전문을 나타내는 대표적 용법으로 이때 같은 의미의 ~らしい를 쓰면 신용도가 낮아질 우려가 있으므로 주의해야 한다.

- コンサルティング会社の話によれば、デザインが古すぎるのが販売減少の主な原因だということです。
  컨설팅 회사에 의하면, 디자인이 구식인 것이 판매 감소의 주요 원인이라는 것입니다.

- 専門家によれば、その会社への投資については肯定的な見方と否定的な見方があったそうです。
  전문가에 의하면 그 회사에 투자하는 것에 대해서는 긍정적인 견해와 부정적인 견해가 있었다고 합니다.

- 経験を踏まえたアプローチによって、より柔軟で適切なサービスを提供できるようになります。
  경험에서 쌓인 접근법으로, 보다 융통성 있는 적절한 서비스를 제공할 수 있게 되었습니다.

Pattern 37. ~의 예를 들어 보겠습니다

 Track 37

- 例を一つ挙げてみます。
  예를 하나 들어 보겠습니다.

- 今回の場合と類似した例を一つ挙げてみます。
  이번 경우와 유사한 예를 하나 들어 보겠습니다.

類似(るいじ)する＝
似(に)る
닮다
▶ '~를 닮았다'는
~に似ている로
조사 を가 아닌
に를 취한다.

- 収益を出すことのできるいくつかの例を挙げてみます。
  수익을 낼 수 있는 몇 가지 예를 들어 보겠습니다.

- そのプロジェクトがどうして失敗することになったのかという具体的な例を一つお見せ致します。
  그 프로젝트가 어떻게 해서 실패하게 되었는지에 대한 구체적인 예를 하나 보여드리겠습니다.

- 独創的で高度な技術であるということを、この魅力的な製品のデザインが一つの例として示しています。
  독창적이고 고도의 기술이라는 것을 이 매력적인 제품의 디자인이 한 예를 보여 주고 있습니다.

- これは、金融改革の極端な例を示しています。
  이것은 금융 개혁의 극단적인 예를 보여줍니다.

- その会社がコンピューターの分野において、どのように技術的な革新を行い成功できたのか、その一例を挙げてみたいと思います。
  그 회사가 컴퓨터 분야에서 어떻게 기술적인 혁신을 단행하여 성공할 수 있게 되었는지, 그 일례를 들어 보려고 합니다.

- 外国投資に関しては、中国が最も良い国だと思われます。したがって、中国を例に挙げてみたいと思います。
  외국 투자에 관한 한 중국이 가장 좋은 나라라고 생각합니다. 따라서 중국을 예로 들어 보려고 합니다.

Words & Expressions

▶ 苦情(くじょう)によって 불평에 의해 ▶ 即時(そくじ)の措置(そち) 즉각적인 조치
▶ 見方(みかた)がある 견해가 있다 ▶ 柔軟(じゅうなん) 유연, 융통성이 있음, 신축성이 있음

Pattern Review

JAPANESE PRESENTATION

지금까지 앞에서 살펴 본 일본어 프레젠테이션 핵심 패턴을 확인해 보세요.

1. 이 객관적인 분석이 사실을 뒷받침하고 있습니다.

　

2. 제 주장을 뒷받침해 주는 자료를 잠시 후에 보여 드리겠습니다.

　

3. 저희 신제품은 이러한 자료에 근거하여 만들어졌습니다.

　

4. 이러한 즉각적인 조치는 안전 관리를 근거로 해서 이루어졌습니다.

　

5. 수익을 낼 수 있는 몇 가지 예를 들어 보겠습니다.

　

6. 그 프로젝트가 어떻게 해서 실패하게 되었는지에 대한 구체적인 예를 하나 보여드리겠습니다.

　

Answers
1. この客観的な分析が、事実の裏付けとなっています。
2. 私の主張の裏付けとなる資料を、後程ご覧いただきたいと思います。
3. 私たちの新製品は、これらの資料に基づいて作られました。
4. このような即時の措置は安全管理に基づいて行われました。
5. 収益を出すことのできるいくつかの例を挙げてみます。
6. そのプロジェクトがどうして失敗することになったのかという具体的な例を一つお見せ致します。

Chapter 11

내용 뒷받침할 때 부연 설명하기

발표자가 자신이 주장하는 내용를 뒷받침하고자 할 때 부연하여 설명하는 패턴들을 알아봅니다. 앞의 내용을 다시 한번 언급하여 요지를 보다 용이하게 정리하거나 추가적으로 보충하여 내용을 보강하고자 할 경우, 혹은 경우에 따라서 청중들의 이해를 도와주기 위하여 설명을 덧붙일 때 사용하는 표현들을 살펴보기로 하죠.

JAPANESE PRESENTATION

Pattern 38. 덧붙여 말하자면

 Track 38

- 付け加えて申し上げますと、技術的な問題を解決することが私たちの最優先課題です。
  덧붙여 말하자면, 기술적인 문제를 해결하는 것이 우리의 최우선 과제입니다.

- リストラ計画に対する意見を付け加えて申し上げたいと思います。
  구조 조정 계획에 대한 의견을 추가로 덧붙이고 싶습니다.

- しかも、一部のライバル会社が最近、価格を下げました。
  게다가 일부 경쟁업체가 최근에 가격을 내렸습니다.

- しかも、私たちが合併しようとしたその会社が、現在破産寸前にあります。
  게다가 우리가 합병하고자 했던 그 회사가 현재 파산 직전에 있습니다.

~寸前(すんぜん)
~바로 전
▶ 直前(ちょくぜん)과 비슷한 의미로 寸前보다는 直前이 광범위하게 쓰인다.

- もう一つ付け加えれば、私たちは流通構造を改善しなければなりません。
  한 가지 더 부연하자면, 우리는 유통 구조를 개선해야 합니다.

- 私のアンケート調査のプログラムを使えば、貴社の顧客が、貴社の製品とサービスについてどうように考えているかということがお分かりいただけます。その上、新商品の企画まで立てることができます。
  저희 설문조사 프로그램을 사용하면 귀사의 고객이 귀사의 제품과 서비스에 대해 어떻게 생각하는지를 알 수 있습니다. 게다가, 신상품에 대한 기획도 세울 수 있습니다.

- しかも、特別なオイルを使用することが非常に重要な役割をします。
  게다가 특별한 오일을 사용하는 것이 굉장히 중요한 역할을 합니다.

- ローコストな原材料の他にも、安い労働力を活用すれば経費削減に役立ちます。
  저렴한 원자재 외에도, 값싼 노동력을 활용하면 비용을 절감하는 데에 도움이 됩니다.

Pattern 39. ~은 설명이 필요합니다

 Track 39

- この部分は説明が必要です。
  이 부분은 설명이 필요합니다.

- ハイブリッド自動車の利点に対する最後のテーマには追加説明が必要です。
  하이브리드 자동차의 이점에 대한 마지막 주제는 추가 설명이 필요합니다.

- 新商品の特徴について詳しく説明した方がよいかと思います。
  신상품의 특징에 대해 부연 설명을 하는 것이 더 좋을 것 같습니다.

- この点をもっと詳しくご説明する必要があるかと思います。
  이 점을 더 자세히 설명할 필요가 있을 것 같습니다.

- 投資の専門家が、過去12ヶ月間、どうして顧客のファンドに莫大な損失をもたらしたか、その理由について詳しく説明する必要があります。
  투자 전문가들이 왜 지난 12개월 간 고객의 펀드에 막대한 손실을 가져왔는지 그 이유에 대해 자세히 설명해드릴 필요가 있습니다.

- 消費者の全てのフィードバックに対して追加説明を致します。
  소비자들의 모든 피드백에 대해서 추가 설명을 드리겠습니다.

- 不要な誤解のないように、もう一度そのテーマについての説明が必要かと思います。
  불필요한 오해를 하지 않도록 다시 한번 그 주제에 대해 부연 설명이 필요할 것 같습니다.

~かと思います
= ~だと思います
~라고 생각합니다
▶ ~かと思います는 추측 표현으로 가벼운 주장을, ~だと思います는 자신의 주장을 강하게 단정하는 표현이다.

Pattern 40. 다시 말하자면

 Track 40

- 言い換えれば、これは今後生じるであろう新たな危険に関することです。
  다시 말하자면, 이것은 향후 발생할 새로운 위험에 관한 것입니다.

- 人々は普通、操作が複雑なものを好みません。つまり取り扱いが容易で簡単なものを好むのです。
  사람들은 대개 사용하기에 너무 복잡한 것은 좋아하지 않습니다. 즉 그들은 취급하기에 좀 더 용이하고 간단한 것을 좋아합니다.

- 私たちがターゲットとする消費者を若い男性、すなわち20歳から30歳までの男性に絞る必要があります。
  우리가 목표로 하는 소비자를 젊은 남성, 즉 20세에서 30세까지의 남성에게 집중할 필요가 있습니다.

부연 설명을 할 때는 言い換えれば(다시 말하자면, 바꿔 말하자면), つまり(요컨대, 즉), すなわち(즉) 등의 표현을 쓴다.

- 職場内の性差別つまり、男女間の不平等について、女性たちはこれをなくす強力な措置をとられなければならないという認識を持っています。
  직장 내 성 차별 즉, 남녀 간의 불평등에 대해 여성들은 이를 없앨 할 강력한 조치가 취해져야 한다는 인식을 갖고 있습니다.

- これを分かりやすく言い換えて申しあげたいと思います。
  이를 알기 쉽게 다른 말로 바꾸어 말씀드리겠습니다.

- 別の言い方をすれば、会社側にも20%の責任があるということです。
  달리 표현하자면, 회사 측에도 20%의 책임은 있다는 것입니다.

Pattern 41. 간단히 말하자면  Track 41

청중의 이해를 돕고자 기술적이거나 전문적인 용어를 쉽게 설명할 때 쓰는 표현

- 簡単に申しますと、それは非常に有用なシステムです。
  간단히 말하자면 그것은 매우 유용한 시스템입니다.

- 簡単に申しますと、6シグマというのは不良率をゼロに近づけることを追求するということです。
  간단히 말하자면 6시그마라는 것은 불량을 제로에 가깝게 하는 것을 추구하는 것을 말합니다.

- 簡単に申しますと、マーケティング戦略というのはマーケティング目標を達成するための手段のことです。
  간단히 말하자면 마케팅 전략이란 마케팅 목표를 달성하기 위한 수단을 말합니다.

- より簡単に申しますと、CRMは顧客関係管理の略で顧客を事業の中心に置くという意味です。
  보다 간단히 말하자면 CRM은 고객 관계 관리의 약어로 고객을 사업의 중심에 둔다는 의미입니다.

- 皆様にお分かりいただきやすいように申し上げます。
  여러분들이 알기 쉽게 말씀드리겠습니다.

Words & Expressions

▶ 合併(がっぺい)する 합병하다   破産寸前(はさんすんぜん)にある 파산 직전에 있다
▶ 生(しょう)じる 발생하다, 생기다   絞(しぼ)る 쥐어짜다, 압축하다, 좁히다
▶ 6シグマ(シックス・シグマ) 6시그마, 기업에서 전략적으로 완벽에 가까운 제품이나 서비스를 개발하고 제공하려는 목적으로 정립된 품질경영 기법 또는 철학

Pattern Review

지금까지 앞에서 살펴 본 일본어 프레젠테이션 핵심 패턴을 확인해 보세요.

1. 이 부분은 설명이 필요합니다.

2. 이 점을 더 자세히 말씀드릴 필요가 있을 것 같습니다.

3. 덧붙여 말하자면, 기술적인 문제를 해결하는 것이 우리의 최우선 과제입니다.

4. 다시 말하자면, 이것은 향후 발생할 새로운 위험에 관한 것입니다.

5. 달리 표현하자면, 회사 측에도 20%의 책임은 있다는 것입니다.

6. 간단히 말하자면 그것은 매우 유용한 시스템입니다.

Answers
1. この部分は説明が必要です。
2. この点をもっと詳しくご説明する必要があるかと思います。
3. 付け加えて申し上げますと、技術的な問題を解決することが私たちの最優先課題です。
4. 言い換えれば、これは今後生じるであろう新たな危険に関することです。
5. 別の言い方をすれば、会社側にも20%の責任があるということです。
6. 簡単に申しますと、それは非常に有効なシステムです。

Chapter 12

청중의 참여를 유도할 때 질문하기

청중에게 질문을 하는 경우는 실제로 청중에게 대답을 듣기 위해 하는 질문과 청중의 대답을 바라지 않고 주의를 환기시키고자 하는 수사적 질문이 있는데요. 후자는 이는 청중의 참여와 관심을 유도하여 자신의 주제에 보다 청중을 집중하게 할 수 있을 뿐만 아니라, 동시에 발표장의 분위기를 다소 친밀하고 부드럽게 유도하는 데에도 도움이 됩니다.

JAPANESE PRESENTATION

Pattern 42. ~대해 어떻게 생각하십니까?  Track 42

~についてどのようにお考えですか
＝~についてどうお考えですか
~에 대해 어떻게 생각하십니까?
▶ どのように, どう 대신 같은 의미인 どんなに로는 바꿔 쓸 수 없다는 점에 유의

- 私どもの製品の機能的な特徴についてどのようにお考えですか。
  저희 제품의 기능적인 특징에 대해 어떻게 생각하십니까?

- 海外で事業を拡張している私たちの計画についてどのようにお考えですか。
  해외로 사업을 확장하는 저희 계획에 대해 어떻게 생각하십니까?

- 企業の合併について皆様はどのようなお考えをお持ちですか。
  기업 합병에 대해 여러분은 어떤 생각을 가지고 계십니까?

- 彼らの提案についてどのようにお考えですか。
  그들의 제안에 대해 어떻게 생각하십니까?

Pattern 43. 어떻게 ~하시겠습니까?  Track 43

청중의 의견 묻거나 참여를 유도할 할 때

- この場合、皆様はどうなさいますか。
  이 경우, 여러분은 어떻게 하시겠습니까?

- それでは、皆様はこの問題をどう解決されますか。
  그럼, 여러분은 이 문제를 어떻게 해결하시겠습니까?

- 会社の売り上げ不振をどのように解決されますか。
  회사 매출 부진을 어떻게 해결하시겠습니까?

- 皆様はこのような、金融危機に対してどのように対処なさいますか。
  여러분은 이러한 금융 위기를 어떻게 대처하시겠습니까?

- それでは、商品をどのように流通させなければならないでしょうか。
  그럼 상품을 어떻게 유통시켜야 할까요?

Pattern 44. ~라면 어떻게 하시겠습니까?

 Track 44

향후 있을 상황을 가정하여 청중의 관심을 유도하고자 할 때

- もし皆様がこの状況に置かれていたらどうなさいますか。
  만약 여러분이 이 상황에 처해 있다면 어떻게 하시겠습니까?

- ライバル社製品の販売が予想以上のものだったら、どうなさいますか。
  경쟁사 제품의 판매가 예상한 것 이상이라면 어떻게 하시겠습니까?

- 新商品に対する顧客の反応が悪かったらどうなさいますか。
  신상품에 대한 고객의 반응이 나쁘다면 어떻게 하시겠습니까?

- すでに工場から出荷された製品に問題があると分かったとしたら、どうなるんでしょうか？
  이미 공장에서 출고된 제품에 문제가 있다는 것을 알게 된다면 어떻게 될까요?

Pattern 45. ~할 필요가 있었을까요?

 Track 45

문제점의 원인을 파악한 후 그에 대한 아쉬움, 혹은 비난이나 유감을 표현하고자 할 때

- その製品を宣伝するために超過支出が必要だったのでしょうか。
  그 제품을 광고하는 데에 꼭 초과 지출이 필요했을까요?

- 彼らが理由もなく労働者を解雇する必要があったのでしょうか。
  그들이 이유도 없이 근로자들을 해고할 필요가 있었을까요?

- その会社はマーケティングの予算を増やす必要があったのでしょうか。
  그 회사가 마케팅 예산을 늘려야할 필요가 있었을까요?

- 職員の再教育プログラムを彼らは中止する必要があったのでしょうか。
  직원 재교육 프로그램을 그들이 꼭 중단할 필요가 있었을까요?

Pattern 46. ~을 알고 계셨나요?

 Track 46

청중에게 답변을 구하기보다는 주장하고자 하는 바를 강조하거나 이를 청중에게 환기시키고자 할 때

- 日本の明治維新についてご存じですか。
  일본의 메이지이신에 대해서 알고 계십니까?

- 製品の機能よりデザインの方がますます重要になっていることをご存じでしょうか。
  제품의 기능보다 디자인이 점점 더 중요해지고 있다는 점을 알고 계셨나요?

- 15歳と29歳の青年失業率が平均失業率の2倍以上という事実をご存じでしょうか。
  15세와 29세의 청년 실업률이 평균 실업률의 두 배 이상이라는 사실을 알고 계셨나요?

- 今年の韓国の出生率が前代未聞の最低値を記録したという事実をご存じでしょうか。
  올해 한국의 출산율이 전대미문의 최저치를 기록했다는 사실을 알고 계셨나요?

- この3ヵ月でインフレがどうして23%まで跳ね上がったのかをご存じでしょうか。
  지난 3개월 만에 인플레이션이 왜 23%까지 뛰었는지를 알고 계셨나요?

 Words & Expressions

- 流通(りゅうつう)させる 유통시키다
- 状況(じょうきょう)に置(お)かれている 상황에 처해 있다
- 超過支出(ちょうかししゅつ) 초과 지출
- 出生率(しゅっしょうりつ) 출산율
- 前代未聞(ぜんだいみもん) 전대미문
- 跳(は)ね上(あ)がる 뛰어오르다

Pattern Review

청중의 참여를 유도할 때 - 질문하기

지금까지 앞에서 살펴 본 일본어 프레젠테이션 핵심 패턴을 확인해 보세요.

1. 저희 제품의 기능적인 특징에 대해 어떻게 생각하십니까?

   ....

2. 기업 합병에 대해 여러분은 어떤 생각을 가지고 계십니까?

   ....

3. 그럼 상품을 어떻게 유통시켜야 할까요?

   ....

4. 만약 여러분이 이 상황에 처해 있다면 어떻게 하시겠습니까?

   ....

5. 신상품에 대한 고객의 반응이 나쁘다면 어떻게 하시겠습니까?

   ....

6. 지난 3개월 만에 인플레이션이 왜 23%까지 뛰었는지를 알고 계셨나요?

   ....

Answers
1. 私どもの製品の機能的な特徴についてどのようにお考えですか。
2. 企業の合併について皆様はどのようなお考えをお持ちですか。
3. それでは、商品をどのように流通させなければならないでしょうか。
4. もし皆様がこの状況に置かれていたらどうなさいますか。
5. 新商品に対する顧客の反応が悪かったらどうなさいますか。
6. この3ヵ月でインフレがどうして23%まで跳ね上がったのかをご存じでしょうか。

Chapter 13

일반화·구체화하여 전개할 때 내용 구성하기

정보를 전달하는 내용을 구성할 때 일반적인 설명에서 구체적인 설명으로 접근하는 방법과 구체적인 설명에서 일반적인 설명으로 접근하는 방법이 있는데요. 일반적인 다수의 생각과 프리젠터 자신의 생각을 연결 또는 비교하여 청중으로부터 객관적인 타당성을 이끌어 내고, 더 나아가 자신의 주장을 구체적으로 밝힐 때 사용하는 패턴들을 살펴보기로 해요.

JAPANESE PRESENTATION

Pattern 47. 구체적으로 / 상세하게 말하자면, ~입니다  Track 47

정보나 기술, 계획이나 결과 등을 구체적으로 피력하여 개진하고자 할 때

- **より具体的に申し上げるために、**立証されたいくつかの数値をお見せ致します。
  좀 더 구체적으로 말씀드리기 위해 입증된 몇 가지 수치를 보여 드리겠습니다.

- **より具体的に申し上げますと、**今年の四半期の収益は2,579個の製品を販売して平均2億7千万ウォンとなっております。
  보다 구체적으로 말씀드리면 이번 분기의 수익은 2,579개의 제품을 판매하여 평균 2억 7천만 원이 되었습니다.

- **より具体的に申し上げますと、**年末までにインドでの市場占有率を10%にまで引き上げなければなりません。
  구체적으로 말하자면 올 연말까지 인도에서의 시장 점유율을 10%까지 끌어올려야 합니다.

- **より具体的に申し上げますと、**扱うテーマは事業の多様化です。
  보다 구체적으로 말하자면 다룰 주제는 사업 다양화입니다.

より 보다
さらに 더욱 더

- わが社の年間所得は、**さらに詳細に説明されています。**
  우리 회사의 연간 소득은 더욱 더 상세하게 설명되어 있습니다.

- 次の四半期の新しい運営計画や目標を**より詳細に申し上げます。**
  다음 분기의 새로운 운영 계획과 목표를 보다 상세하게 말씀드리겠습니다.

- 中国市場の状況について**詳しく分析させていただきます。**
  중국 시장 상황에 대해서 자세히 분석해 드리겠습니다.

- 三つの構造の調整項目について**詳しく見てみましょう。**
  세 가지 구조조정 항목에 대해서 자세하게 살펴봅시다.

Pattern 48. 일반적으로 / 전반적으로 ~니다 Track 48

다수의 견해를 언급하면서 일반화하여 개진할 때

- 一般的に成果を得るには、絶え間ない試行錯誤を経なければなりません。
  일반적으로 성과를 얻기 위해서는 끊임없는 시행착오를 거치지 않으면 안 됩니다.

- 一般的にカルチャーショックには4段階があります。文化陶酔、調整、適応、順応です。
  일반적으로 문화 충격에는 네 단계가 있습니다. 문화 도취, 조정, 적응, 순응입니다.

- 製品に在庫がないということは、消費者離れの原因となります。一般的に消費者はそれほど長く待ってはくれません。
  제품에 재고가 없다는 것은 소비자가 떨어져나가는 원인이 됩니다. 일반적으로 소비자는 그 정도로 길게 기다려주지는 않습니다.

- 全般的に働く女性は、家事や育児などの負担により、段々結婚や出産をしなくなる傾向にあります。
  전반적으로 직장 여성들은 가사와 육아로 인한 부담으로 점차 결혼이나 자녀 출산을 하지 않게 되는 경향이 있습니다.

- 全般的に見て、ドイツの経済が好転しています。
  전반적으로 보아 독일의 경제가 호전되고 있습니다.

Pattern 49. ~라고 말하지만, 저는 ~입니다 Track 49

일반적인 견해와 상반되는 견해를 피력하여 자신의 주장을 강조하고자 할 때

- 効率性を高めるためには、二つの部署を追加・新設しなければならないと言われていますが、私は既存の部署を再構成することが最良の方法だと考えます。
  효율성을 높이기 위해서 두 개의 부서를 추가로 신설해야 한다고 말하지만, 저는 기존의 부서를 재조직하는 것이 최선의 방법이라고 생각합니다.

- ライバル会社を追い抜くことが確実な方法だとは言われていますが、私はそれが間違っていると思います。
  경쟁업체를 앞지르는 것이 확실한 방법이라고 말하지만, 저는 그것이 잘못되었다고 생각합니다.

- 環境の関心と企業への関心が相反するものだと言われていますが、私はこれが事実ではないという点を皆様にお見せ致します。
  환경의 관심과 기업의 관심이 상충되는 것이라고 말하지만, 저는 이것이 사실이 아니라는 점을 여러분께 보여드리겠습니다.

Pattern 50. ~으로 구성되어 있습니다

 Track 50

~ごとに
~마다
▶ 일정한 간격을 나타낸다. 비슷한 말로는 ~度(たび)に(~마다)가 있는데 ~度には ~ するたびに(~할 때마다)와 같이 행동 뒤에 붙는다.

1/3
▶ 삼분의 일은 일본어로 さんぶんのいち라고 읽는다.

- この報告書は20ページで構成されており、各ページごとに販売部長の署名がございます。
  이 보고서는 20 페이지로 구성되어 있는데 각 페이지마다 판매 부장의 서명이 있습니다.

- 欧州での販売網の拡張についての企画過程は、3段階で構成されています。
  유럽에서의 판매망 확장에 대한 기획 과정은 3단계로 구성되어 있습니다.

- 二つの大手企業は、どちらも各10社で構成されています。
  두 대기업 회사는 모두 각 10개의 회사들로 구성되어 있습니다.

- マーケティング予算は、1/3の広報郵便物の発送と2/3のオンライン広告で構成されています。
  마케팅 예산은 1/3의 홍보 우편물 발송과 2/3의 온라인 광고로 구성되어 있습니다.

- わが社の輸入原材料は、ガラスと金属品目で構成されています。
  저희 회사의 수입 원자재는 유리와 금속 품목으로 구성되어 있습니다.

- このような有毒ガスは、大気中のホルムアルデヒド、ベンゼン、一酸化炭素、窒素酸化物で構成されています。
  이러한 유독 가스는 대기 중에 포름알데히드, 벤젠, 일산화탄소, 질소 산화물로 구성되어 있습니다.

Words & Expressions

▶ 絶(た)え間(ま)ない 끊임없다 ▶ 試行錯誤(しこうさくご)を経(へ)る 시행착오를 거치다
▶ 文化陶酔(ぶんかどうすい) 문화 도취 ▶ 追(お)い抜(ぬ)く 앞지르다, 따라잡다 ▶ 署名(しょめい) 서명
▶ 有毒(ゆうどく)ガス 유독가스 ▶ 一酸化炭素(いっさんかたんそ) 일산화탄소
▶ 窒素酸化物(ちっそさんかぶつ) 질소 산화물

Pattern Review

지금까지 앞에서 살펴 본 일본어 프레젠테이션 핵심 패턴을 확인해 보세요.

1. 일반적으로 성과를 얻기 위해서는 끊임없는 시행착오를 거치지 않으면 안 됩니다.

2. 전반적으로 보아 독일의 경제가 호전되고 있습니다.

3. 좀 더 구체적으로 말씀드리기 위해 입증하고 싶은 몇 가지 수치를 보여드리겠습니다.

4. 중국 시장 상황에 대해서 자세히 분석해 드리겠습니다.

5. 세 가지 구조조정 항목에 대해서 자세하게 살펴봅시다.

6. 유럽에서의 판매망 확장에 대한 기획 과정은 3단계로 구성되어 있습니다.

Answers

1. 一般的に成果を得るには、絶え間ない試行錯誤を経なければなりません。
2. 全般的に見てドイツの経済が好転しています。
3. より具体的に申し上げるために、立証されたいくつかの数値をお見せ致します。
4. 中国市場の状況について詳しく分析させていただきます。
5. 三つの構造の調整項目について詳しく見てみましょう。
6. 欧州での販売網の拡張についての企画過程は、3段階で構成されています。

Chapter 14

열거 · 시간순으로 전개할 때 내용 연결하기

프레젠테이션의 내용을 논리적으로 전개하여 진행해야 하는 경우에는 주장하고자 하는 사항을 체계적으로 열거하여 연결하는 방법과 시간순으로 상황을 설명하여 단계적으로 진행하는 방법이 있는데요. 하지만 자칫 청중에게 내용이 복잡하거나 장황하다는 인상을 줄 수 있으니 일목요연하게 핵심을 잘 정리해야겠죠.

J A P A N E S E P R E S E N T A T I O N

Pattern 51. ~은 ~다음과 같습니다

 Track 51

발표자의 주장이나 사항을 명확하게 구분하여 구체적으로 열거할 때

- これについての主な理由は次の通りです。
  이에 대한 주요 이유는 다음과 같습니다.

- 現状況についての3つの根本的な方針は次の通りです。
  현 상황에 대한 세 가지 근본적인 방침은 다음과 같습니다.

有無(うむ) 유무

- 私たちは物品の到着時、損傷部分の有無を検査しております。その結果については次の通りです。
  저희는 물품들의 도착시 손상된 부분이 없는지 검사하고 있습니다. 그 결과에 대해서는 다음과 같습니다.

- 経営戦略についての4つの主要段階は次の通りです。まず第一に、戦略樹立、第二に、経費の効率化、第三に、販売管理、最後に、顧客の確保、及び維持です。
  경영 전략에 대한 네 가지 주요 단계는 다음과 같습니다. 먼저 첫째, 전략 수립, 둘째, 경비 효율화, 셋째, 판매 관리, 마지막으로, 고객 확보 및 유지입니다.

- 顧客の満足度を高める3つの柱は次の通りです。まず第一に、品質、第二に、早い発送、そして最後に多様な商品です。
  고객 만족도를 향상시키는 세 가지 주요 항목은 다음과 같습니다. 첫째, 품질, 둘째, 빠른 배송, 그리고 마지막으로 다양한 상품입니다.

*~においての
~에 있어서의*

- 職場での成功のための4つの要因は次の通りです。まず第一に、業務遂行能力、第二に、独創的なアイディア、第三に、人間関係においての信頼、そして最後に重要なことは皆様の情熱です。
  직장에서의 성공을 위한 네 가지 요인은 다음과 같습니다. 먼저 첫째, 업무수행 능력, 둘째, 독창적인 아이디어, 셋째, 인간관계에서의 신뢰, 그리고 마지막으로 중요한 것은 여러분의 열정입니다.

- このプロセスは5段階になっています。協議、議題発表、3週間の公知、意思決定、そして最後に施行です。
  이 과정은 다섯 단계로 되어 있습니다. 협의, 의제 발표, 3주간의 공지, 의사 결정, 그리고 마지막으로 시행입니다.

Pattern 52. 하나는 ~이고, 다른 하나는 ~입니다

두 가지 사항을 언급하고자 할 때에는 一つ, もう一つ

- 処理すべき案件が2つあります。一つは市場調査で、もう一つは消費者へのアンケート調査です。
  처리해야 할 안건이 두 가지가 있습니다. 하나는 시장조사이고 다른 하나는 소비자 설문조사입니다.

- 目標達成のためには二つの重要な側面があります。一つは、効率性を高めることで、もう一つは予算削減です。
  목표 달성을 위해서는 두 가지 중요한 측면이 있습니다. 하나는 효율성을 높이는 것이고, 다른 하나는 예산을 줄이는 것입니다.

- 大惨事において、市民が喜んで寄付し始めた一方で、企業の寄付は予算削減のため減少しています。
  시민들이 대참사에 돈을 기꺼이 기부하기 시작한 반면에, 기업들의 기부는 예산 감소로 줄어들었습니다.

- 喫煙者が願えば、喫煙できる権利が保証されなければなりませんが、もう一方では、非喫煙者たちにもタバコの煙がない空気を吸う権利があるということです。
  흡연자들이 원하면 흡연할 권리가 보장되어야 하지만, 다른 한편으로는 비 흡연자들에게도 담배연기가 없는 공기를 호흡할 권리가 있다는 점입니다.

Pattern 53. ~하기 전에

시간적으로 앞에 일어나는 일을 언급할 때

- 大規模なリストラをする前に、その会社は職員の賃金を30%削減しました。
  대규모 구조 조정을 하기 이전에, 그 회사는 직원들의 임금을 30%까지 삭감하였습니다.

- 事故が発生する2ヶ月前、工場で古い機械を購入したのですが、これをメンテナンスできるようにするエンジニアの訓練を怠りました。
  사고가 발생하기 두 달 전에, 공장에서 낡은 기계를 구입했으나 이를 보수 유지할 수 있게 하는 엔지니어를 훈련을 게을리 했습니다.

やむを得(え)ず
=仕方なく
어쩔 수 없이
▶ 仕方なくは 회화체, やむを得ずは 격식을 차린 표현이다.

- 1990年に、わが社はやむを得ず、会社の規模を減らさなければなりませんでした。
  1990년에, 저희 회사는 어쩔 수 없이 회사의 규모를 줄여야 했습니다.

Pattern 54. ~한 이후로 계속  Track 54

시간적으로 앞에 일어나는 일을 언급할 때

- 2002年以来ずっと、わが社は紳士服においての独特なデザインの開発に力を注いできました。
  2002년 이후로 계속, 저희 회사는 남성복의 독특한 디자인 개발에 힘을 쏟아 왔습니다.

- 自由貿易協定締結後ずっと、金融危機が経済に及ぼす影響は以前より激しくなっていません。
  자유 무역 협정 체결 후 계속, 금융 위기가 경제에 미치는 영향은 이전보다 극심해지지 않았습니다.

- 2013年度2四半期以降ずっと、生産性が順調に増加しています。
  2013년도 2분기 이후로 계속, 생산성이 꾸준히 증가하고 있습니다.

Pattern 55. 향후에는 ~일 것입니다  Track 55

해결 방안이나 향후 목표, 계획 등을 제시하고자 할 때

- 今後10年間、この構造調整計画は貴社に収益をもたらすでしょう。
  향후 10년 동안 이 구조 조정 계획은 귀사에 수익을 가져다 줄 것입니다.

- この核心事案は、今後数十年間、私たちの問題になるでしょう。
  이 핵심 사안은 향후 수십 년간 저희의 문제가 될 것입니다.

- 今後数年間、会社の改革を計画的・継続的に進めていくつもりです。
  향후 몇 년간 회사 개혁을 계획적·지속적으로 진행시켜 나갈 생각입니다.

Words & Expressions

▶ 損傷部分(そんしょうぶぶん) 손상 부분　▶ 柱(はしら) 중요한 항목　▶ 大惨事(だいさんじ) 대참사
▶ リストラ=構造調整(こうぞうちょうせい) 구조 조정　▶ 利益(りえき)をもたらす 이익을 가져오다

Pattern Review

JAPANESE PRESENTATION

지금까지 앞에서 살펴 본 일본어 프레젠테이션 핵심 패턴을 확인해 보세요.

1. 현 상황에 대한 세 가지 근본적인 방침은 다음과 같습니다.

2. 처리해야 할 안건이 두 가지가 있습니다. 하나는 시장조사이고 다른 하나는 소비자 설문조사입니다.

3. 1990년에, 저희 회사는 어쩔 수 없이 회사의 규모를 줄여야 했습니다.

4. 2013년도 2분기 이후로 계속, 생산성이 꾸준히 증가하고 있습니다.

5. 향후 10년 동안 이 구조 조정 계획은 귀사에 수익을 가져다 줄 것입니다.

6. 이에 대한 주요 이유는 다음과 같습니다.

Answers

1. 現状況についての3つの根本的な方針は次の通りです。
2. 処理すべき案件が2つあります。一つは市場調査で、もう一つは消費者へのアンケート調査です。
3. 1990年に、わが社はやむを得ず、会社の規模を減らさなければなりませんでした。
4. 2013年度2四半期以降ずっと、生産性が順調に増加しています。
5. 今後10年間、この構造調整計画は貴社に収益をもたらすでしょう。
6. これについての主な理由は次の通りです。

Chapter 15

인과관계로 전개할 때 원인 결과 제시하기

문장과 문장을 자연스럽게 연결하여 내용을 논리적으로 전개할 때 적절한 연결어를 사용해야 하는데요. 원인과 결과의 구조로 내용을 전개하고자 할 때 사용하는 연결어와 패턴들을 알아보기로 해요.

JAPANESE PRESENTATION

Pattern 56. 원인은 ~때문입니다

 Track 56

문제점의 원인을 파악한 후 전개할 때

- 配送が遅れている原因は、物流会社のストライキのためです。
  늦은 배송의 원인은 물류 회사의 파업 때문입니다.

- その主な原因は、核心事業の全分野で支出が過剰だったからです。
  이의 주원인은 핵심 사업 전 분야에서 지출이 과다했기 때문입니다.

- 工場閉鎖によって、これから12ヵ月以上、輸出の減少が予想されます。
  공장 폐쇄로 인하여 앞으로 12개월 이상 수출이 감소할 것으로 예상됩니다.

- その事故の直接的な原因は、モーターの故障と判明しました。
  그 사고의 직접적인 원인은 모터 고장으로 판명되었습니다.

- 正確な火災の原因は漏電です。
  정확한 화재 원인은 누전입니다.

- 今回の四半期において会社に損失を引き起こした原因は、その事件で会社のイメージが大きく損傷を受けたからです。
  이번 분기에 회사에 손실을 야기한 원인은 그 사건으로 회사의 이미지가 크게 손상을 입었기 때문입니다.

- 現在、深刻な運営資金の不足状態にあります。このような理由で当面の間、ソフトウェア開発プロジェクトを延期しなければなりません。
  현재 심각한 운영 자금 부족 상태에 있습니다. 이러한 이유로 당분간 소프트웨어 개발 프로젝트를 연기해야 합니다.

Pattern 57. ~때문에 / 덕분에 ~입니다 / 하였습니다  Track 57

- 経理部で使用していたソフトウェアの欠陥のため、貴社は昨年に1億ウォンの大損害を被りました。
  경리부에서 사용하는 소프트웨어의 결함 때문에 귀사는 작년에 1억 원의 큰 손해를 보았습니다.

- 流通構造と注文の過程を改善したおかげで、私たちは注文量と配送日を迅速に処理することができるようになりました。
  유통 구조와 주문 과정을 개선한 덕분에 저희는 주문량과 배송 날짜를 신속하게 처리할 수 있게 되었습니다.

- 全世界の自由化傾向が増加しているため、最も緊急な課題は価格と品質面で競争力を強化することです。
  전 세계의 자유화 추세가 증가하고 있기 때문에, 가장 시급한 과제는 가격과 품질 면에서 경쟁력을 강화하는 것입니다.

- 彼らが急に日程を変更することに決めたため、期間内にプロジェクトを終えられそうにありません。
  그들이 갑자기 일정을 변경하기로 결정하였기 때문에 기간 내에 프로젝트를 마칠 수 없을 것 같습니다.

~そうにありません
= ~なさそうです
~(할) 것 같지 않습니다

Pattern 58. 결과적으로 ~입니다  Track 58

- 結果として、顧客の満足度が貴社にとって最も良い宣伝方法になります。
  결과적으로 고객의 만족도가 귀사를 위한 가장 좋은 광고 방법이 됩니다.

- 結果的に、その会社は2010年以降、負債規模が増えました。
  결과적으로 그 회사는 2010년 이후에 부채 규모가 늘어났습니다.

- 結果的に、ウォンに対するドルの価値が下落しています。
  결과적으로 원화에 대한 달러의 가치가 하락하고 있습니다.

- 両社が合併した結果、数百人の人が職場を失いました。
  두 회사가 합병한 결과 수백 명의 사람들이 직장을 잃었습니다.

- 長い交渉の末、労使間の対立は完全な合意に至り、解決されました。
  오랜 시간의 협상 결과 노사 간의 대립이 완전히 합의를 이루고 해결되었습니다.

下落(げらく)する
하락하다
↔ 上昇(じょうしょう)する
상승하다
▶ 下落する와 비슷한 말로는 落ちる, 落ち込む가 있다. 下落する보다는 떨어지는 강도가 심한 느낌을 준다.

Pattern 59. 따라서 / 그래서 ~입니다  Track 59

したがって
＝これに応(おう)じて
따라서

- 3ヶ月前に原材料価格が大きく上がりました。したがって、私たちは価格を引き上げるしかなかったです。
  3개월 전에 원자재 값이 크게 올랐습니다. 따라서 저희는 가격을 올릴 수밖에 없었습니다.

- 昨年、販促のための広告に資金投資しすぎました。したがって、今年、会社の経費を統制しようと新たなシステムを導入することを決定しました。
  작년에 판촉을 위한 광고에 자금투자를 너무 많이 했습니다. 따라서 올해 회사의 경비를 통제하고자 새로운 시스템을 도입하기로 결정하였습니다.

- 皆様もよくご存じのように、個人情報の流出は不法です。したがって、私どもは要請のあった情報をお教えすることができません。
  여러분도 잘 아시다시피, 개인 정보 유출은 불법입니다. 따라서 저희는 요청하신 정보를 알려드릴 수가 없습니다.

したがいまして
따라서
▶ したがいましては したがってよりも格式을 차린 표현이다.

- 利子率が最低水準に落ちました。したがいまして、人々は従来の銀行預金の方法に異議を提起することになりました。
  이자율이 터무니없이 낮은 수준으로 떨어졌습니다. 따라서 사람들은 전통적인 은행 예금 방법에 이의를 제기하게 되었습니다.

▶ 欠陥(けっかん) 결함 ▶ 損害(そんがい)を被(こうむ)る 피해를 입다 ▶ 迅速(じんそく)に 신속하게
▶ 下落(げらく)する 하락하다 ▶ 販促(はんそく) 판촉

Pattern Review

지금까지 앞에서 살펴 본 일본어 프레젠테이션 핵심 패턴을 확인해 보세요.

1. 늦은 배송의 원인은 물류 회사의 파업 때문입니다.

2. 그 사고의 직접적인 원인은 모터 고장으로 판명되었습니다.

3. 따라서 저희는 가격을 올릴 수밖에 없었습니다.

4. 결과적으로 그 회사는 2010 이후에 부채 규모가 늘어났습니다.

5. 결과적으로 원화에 대한 달러의 가치가 하락하고 있습니다.

6. 여러분도 잘 아시다시피, 개인 정보 유출은 불법입니다. 따라서 저희는 요청하신 정보를 알려드릴 수가 없습니다.

Answers
1. 配送が遅れている原因は、物流会社のストライキのためです。
2. その事故の直接的な原因は、モーターの故障と判明しました。
3. したがって、私たちは価格を引き上げるしかなかったです。
4. 結果的に、その会社は2010以降、負債規模が増えました。
5. 結果的に、ウォンに対するドルの価値が下落しています。
6. 貴下もよくご存じのように、個人情報の流出は不法です。したがって、私どもは要請のあった情報をお教えすることができません。

Chapter 16

대조하여 전개할 때 내용 비교하기

프레젠테이션의 내용이 전략, 아이디어, 특히 상품을 소개하거나 개발하는 것이라면 이를 비교 대조하여 전개하는 것이 효과적입니다. 그 특징이나 기능, 가격이나 품질 면에서 서로 간의 유사점이나 차이점 등을 비교하여 청중에게 정보를 전달할 경우 자신의 의견을 보다 더 효과적으로 전달할 수 있어요.

J A P A N E S E   P R E S E N T A T I O N

Pattern 60. ~를 비교해 보면 ~를 알 수 있습니다   🎧 Track 60

차이점을 비교하여
자신의 의견을
전달할 때

- 両地域の価格を比較してみれば、その差がどれだけあるかということが分かります。
  두 지역의 가격을 비교해보면, 그 차이가 얼마나 나는지 하는 것을 알 수 있습니다.

- 新しい製品と前の製品を比較してみれば、製品間にいくつか異なった機能があることがお分かりいただけます。
  새로운 제품과 원래의 제품을 비교해보면, 제품 간에 몇 가지 다른 기능이 있다는 것을 알 수 있게 됩니다.

~際(さい)＝~時(とき)
~할 때
▶ ~時는 회화체,
~際는 격식을 차린 표현이다.

- デザイン面で他社の製品と比較した際、我が製品のデザインが若い層、特に19歳から29歳までの女性にもっと人気がありました。
  디자인 면에서 타사의 제품과 비교했을 때 우리제품의 디자인이 젊은층, 특히 19세에서 29세까지의 여성에게 더 인기가 있었습니다.

Pattern 61. 반면에 / ~와는 대조적으로   🎧 Track 61

- 一方、この会社の全般的な労働環境と衛生状況は、大きく改善されました。
  반면에 이 회사의 전반적인 근로 환경과 위생 상황은 크게 개선되었습니다.

- 以前のマーケティング戦略とは対照的に、今回の戦略はより攻撃的であり、消費者中心の戦略です。
  이전의 마케팅 전략과는 대조적으로 이번 전략은 보다 더 공격적이자 소비자 중심 전략입니다.

- 陶磁器製造の一部の技術とテクニックが伝授された反面、他のものはそうできませんでした。
  도자기 제조의 일부 기술과 기법들이 전수된 반면 다른 것들은 그렇지 못하였습니다.

Pattern 62. ~의 유사점은 ~이라는 점입니다

 Track 62

~である=~だ
~이다
▶ ~だ는 주관적 단정을, ~である는 객관적 단정을 나타낸다.

- モデルSX-110とTX-120の類似点は、環境に優しい特徴をもち、最もよく売れているモデルであるということです。
  모델 SX-110와 TX-120의 유사점은 친환경적인 특징을 계속 유지하고 있는 가장 잘 팔리는 모델이라는 점입니다.

- この二つの提案書の類似点は、そのアイデアが効果的であるかどうかサンプルを作ってテストをしなければならないという点です。
  이 두 제안서의 유사점은 그 아이디어가 효과가 있을 지 샘플을 만들어서 테스트를 해야 한다는 점입니다.

- 今回のプロジェクトは、2010年度に失敗したプロジェクトと類似しています。一つの類似点は、3ヵ月内に実行するのが難しいという点であり、もうひとつはコストがかかるという点です。
  이번 프로젝트는 2010년 도에 실패한 프로젝트와 유사합니다. 유사점의 하나는 3개월 내에 실행하기가 어렵다는 점이고, 또 다른 하나는 비용이 든다는 점입니다.

Pattern 63. 차이점은 ~입니다.

 Track 63

차이점을 언급하는 부분에서 자신의 계획이나 아이디어 혹은 자사의 제품이나 서비스가 더 우수하다는 점이 드러나야 청중에게 설득력이 있음

- 違いは、我が社の製品がライバル会社の製品よりもっと実用的な機能を備えているという点です。
  차이점은 저희 제품이 경쟁사의 제품보다 더 실용적인 기능을 갖추고 있다는 점입니다.

- 両社間の主な相違点は、人事管理能力です。
  두 회사 간의 주된 차이점은 인사 관리 능력입니다.

- 私どもの製品は、様々な点で彼らの製品とは異なります。
  저희 제품은 여러 가지 면에서 그들의 제품과는 다릅니다.

- SR-300とTR-500はコンピューターのメモリー容量の面で異なります。
  SR-300와 TR-500는 컴퓨터 기억 용량 면에서 다릅니다.

Pattern 64. ~에도 불구하고

- 徹底した市場調査をした**にもかかわらず**、新製品の販売には役にはたちませんでした。
  철저한 시장 조사를 했음에도 불구하고, 신제품의 판매에는 도움이 되지 못했습니다.

- その人形製造会社は、輸出により数年間の好況期を過ごしました。**それにもかかわらず**、会社は勤労者の作業環境の改善は行おうとしませんでした。
  그 인형 제조회사는 수출로 몇 년 간의 호황기를 보냈습니다. 그럼에도 불구하고, 회사는 근로자의 작업 환경을 개선은 해 주려고 하지 않았습니다.

- 経営の安定に支障が生じていた**にもかかわらず**、今年、上半期に19%の純利益を出すことができました。
  경영 안정에 지장이 있었음에도 불구하고, 올 상반기에 19%의 순이익을 남길 수 있었습니다.

- 昨年、全世界的に原材料価格が急騰した**にもかかわらず**、当社は幸い、今年約10%の利益を出しました。
  작년에 전 세계적으로 원자재 가격이 치솟았음에도 불구하고, 당사는 다행히 올해 약 10%의 이익을 냈습니다.

~により
~에 의해

上半期(かみはんき)
상반기
↔ 下半期(しもはんき)
하반기

Words & Expressions

- 陶磁器製造(とうじきせいぞう) 도자기 제조
- 伝授(でんじゅ)される 전수되다
- 幸(さいわ)い 다행히
- 利益(りえき)を出(だ)す 이익을 내다

Pattern Review

대조하여 전개할 때 내용 비교하기

지금까지 앞에서 살펴 본 일본어 프레젠테이션 핵심 패턴을 확인해 보세요.

1. 저희 제품은 여러 가지 면에서 그들의 제품과는 다릅니다.

2. 두 지역의 가격을 비교해 보면, 그 차이가 얼마나 나는지 하는 것을 알 수 있습니다.

3. 모델 SX-110와 TX-120의 유사점은 친환경적인 특징을 계속 유지하고 있는 가장 잘 팔리는 모델이라는 점입니다.

4. 두 회사 간의 주된 차이점은 인사 관리 능력입니다.

5. 반면에 이 회사의 전반적인 근로 환경과 위생 상황은 크게 개선되었습니다.

6. 철저한 시장 조사를 했음에도 불구하고, 우리의 신제품의 판매에는 도움이 되지 못했습니다.

Answers
1. 私どもの製品は、様々な点で彼らの製品とは異なります。
2. 両地域の価格を比較してみれば、その差がどれだけあるかということが分かります。
3. モデルSX-110とTX-120の類似点は、環境に優しい特徴をもち、最もよく売れているモデルであるということです。
4. 両社間の主な相違点は、人事管理能力です。
5. 一方、この会社の全般的な労働環境と衛生状況は、大きく改善されました。
6. 徹底した市場調査をしたにもかかわらず、新製品の販売には役にはたちませんでした。

Chapter 17

시각 자료 제시할 때 비주얼 소개하기

시각 자료는 청중의 주의를 벗어나게 하거나 분위기 전환을 하기 위한 것이 아닙니다. 사실 발표자가 공을 들여 준비한 인상적인 시각 자료들은 메시지 전달을 보완하거나 또는 자신의 논점을 강조하기 위한 자료입니다. 따라서 어려운 내용이나 복잡한 수치 또는 통계 자료 등을 제시할 때 시각 자료를 잘 활용하면, 자신의 주장을 강하게 어필할 뿐만 아니라 효과적으로 청중의 관심을 집중시킬 수가 있겠죠.

J A P A N E S E P R E S E N T A T I O N

Pattern 65. 그럼 ~에 주목해 주시기 바랍니다

청중에게 중요한 시각 자료를 보여 주면서 청중의 주의를 집중시키고자 할 때

- では、このスライドに注目してください。
  그럼 이 슬라이드를 주목해 주시기 바랍니다.

- では、これから映像資料をお見せいたします。注目していただけますか。
  그럼 지금부터 시각 자료를 보여 드리겠습니다. 주목해 주시겠습니까?

- それでは、ちょっとこの表にご注目ください。
  그럼 잠시 이 표에 주목해 주시기 바랍니다.

- さあ、このグラフにご注目ください。
  자, 이 그래프를 주목해 주시기 바랍니다.

Pattern 66. ~로 ~를 보여 드리겠습니다

グラフ 그래프, 棒(ぼう)グラフ 막대 그래프, 円(えん)グラフ 원 그래프, チャート 차트, 図表(ずひょう) 도표 등의 각종 시각 자료를 이용하여 청중의 주의를 환기시킨다.

- この部分を棒グラフでお見せ致します。
  이 부분을 막대그래프로 보여 드리겠습니다.

- この円グラフで、いくつかの数値をお見せ致します。
  이 원그래프로 몇 가지 수치를 보여 드리겠습니다.

- この円グラフで、過去5年間のわが社の成長をお見せ致します。
  이 원그래프로 과거 5년간의 우리 회사의 성장을 보여 드리겠습니다.

- 国内市場で、2008年から2010年まで、韓国の競争力を立証した化粧品の販売量をこの棒グラフでお見せ致します。
  국내 시장에서 2008년에서 2010년까지 한국 경쟁력을 입증한 화장품의 판매량을 이 막대그래프로 보여드리겠습니다.

Pattern 67. ~을 살펴봅시다

Track 67

분기는 四半期(しはんき) 분기, 第1四半期(だいいちしはんき) 제1 사분기, 第2四半期(だいにしはんき) 제2 사분기…와 같이 표현한다.
第 뒤의 숫자는 四半期와 구별하기 위해 한자가 아닌 숫자를 사용한다.

- 四半期の販売数値を見てみましょう。
  이번 분기의 판매 수치를 살펴봅시다.

- こちらの表を見てみましょう。
  여기 표를 살펴봅시다.

- 私たちの新商品に対する消費者の視点を見てみましょう。
  우리 신상품에 대한 소비자들의 관점을 살펴봅시다.

- この機械の各部品をご覧ください。
  이 기계의 각 부품을 살펴보겠습니다.

- では、各部署の業務成果をもっと詳しく見てみることにしましょう。
  그럼 각 부서의 업무 성과를 좀 더 상세하게 살펴보기로 합시다.

- こちらの組織図を見てみましょう。こちらをご覧いただけば、皆様が各部署に割り当てられた担当業務が一目で分かると思います。
  이쪽의 조직도를 살펴봅시다. 이쪽을 보시면 여러분이 각 부서에 배정된 담당업무가 한눈에 보일 것으로 생각합니다.

- 私が先ほど申し上げた内容を表しているプロチャートを見てみましょう。
  제가 방금 말씀드린 내용을 설명해 주는 이 순서도를 살펴봅시다.

- このシステムの複雑な構造を理解するのに役立つこのダイヤグラムを見てみましょう。
  이 시스템의 복잡한 구조를 이해하는데 도움이 되는 이 다이어그램을 살펴봅시다.

시각 자료 제시할 때 비주얼 소개하기

Pattern 68. ~을 보면 ~을 알 수 있습니다

Track 68

- この棒グラフを見ていただけば、輸出による収益が現在まで徐々に増加していることが分かります。
  이 막대그래프를 보면 수출로 인한 수익이 현재까지 점차로 증가하였다는 점을 알 수 있습니다.

- この図表をご覧いただければ、下半期の売上数値を一目でお分かりいただけます。
  이 도표를 보시면 하반기 매출 수치를 한눈에 알 수 있습니다.

- この絵を見ると、1970年代に工場労働者たちがどれだけ不当な扱いを受けたのかということをお分かりいただけます。
  이 그림을 보시면 1970년대에 공장 노동자들이 얼마나 부당한 대우를 받았는가 하는 것을 알 수 있습니다.

- この円グラフには、我々が無視できないいくつかの事項が見られます。
  이 원그래프에는 우리가 무시할 수 없는 몇 가지 사항이 보입니다.

- この数値は、有名人のファッションとスタイルに影響を受けた消費者の数を示しています。
  이 수치들은 유명 인사들의 패션과 스타일에 영향 받는 소비자의 수를 나타냅니다.

- この図表は、人々がオンライン上で新しい情報を検索する際に使用するウェブサイトの類型を示しています。
  이 도표는 사람들이 온라인으로 새로운 정보를 검색할 때 사용하는 웹사이트의 유형을 보여 줍니다.

- このチャートは2009年から2011年までの自動車販売数の変化を示しています。
  이 차트는 2009년부터 2011년까지의 자동차 판매수의 변화를 보여 줍니다.

- 縦軸はモニター販売量を千単位で示していて、横軸は時間を年度別で示しています。
  세로축은 모니터 판매량을 천 단위로 보여주고 있고, 가로축은 시간을 연도별로 보여주고 있습니다.

Words & Expressions

- 徐々(じょじょ)に 점점, 서서히
- 影響(えいきょう)を受(う)ける 영향을 받다
- 縦軸(たてじく) 종축, 세로축
- 横軸(よこじく) 횡축, 가로축

Pattern Review

지금까지 앞에서 살펴 본 일본어 프레젠테이션 핵심 패턴을 확인해 보세요.

1. 그럼 이 슬라이드를 주목해 주시기 바랍니다.

2. 그럼 각 부서의 업무 성과를 좀 더 상세하게 살펴보기로 합시다.

3. 제가 방금 말씀드린 내용을 설명해 주는 이 순서도를 살펴봅시다.

4. 이 원그래프로 과거 5년간의 우리 회사의 성장을 보여 드리겠습니다.

5. 이 막대그래프를 보면 수출로 인한 수익이 현재까지 점차로 증가하였다는 점을 알 수 있습니다.

6. 이 차트는 2009년부터 2011년까지의 자동차 판매수의 변화를 보여 줍니다.

Answers

1. では、このスライドに注目してください。
2. では、各部署の業務成果をもっと詳しく見てみることにしましょう。
3. 私が先ほど申し上げた内容を表しているプロチャートを見てみましょう。
4. この円グラフで、過去5年間のわが社の成長をお見せ致します。
5. この棒グラフを見ていただけば、輸出による収益が現在まで徐々に増加していることを知ることができます。
6. このチャートは2009年から2011年までの自動車販売数の変化を示しています。

Chapter 18

시각 자료 설명할 때 수치 분석하기

시각 자료를 설명할 때 도식화하거나 수치화된 자료를 분석해야 하는 경우가 있는데요. 일견 다양하고 복잡해 보이는 기호나 숫자 등으로 내용이 어렵다는 인상을 주게 되어 청중이 흥미를 잃게 될 수 도 있습니다. 단순히 시각 자료를 읽어주기 보다는 이를 분석하여 청중이 이해하기 쉽도록 설명하는 요령이 필요하겠죠.

JAPANESE PRESENTATION

Pattern 69. ~에서 알 수 있듯이

시각 자료를 이용하여 정확한 근거로 자신의 주장을 어필할 때

- この表から分かるように、会社は2012年と2014年の間に約1/3の成長を見込まれています。
  이 표에서 알 수 있듯이, 회사는 2012년과 2014년 사이에 대략 1/3의 성장을 할 것으로 예상됩니다.

일본어로 %는 퍼센트라고 읽는다.

- この図表から分かるように、アフリカが42%の人口成長率を記録したのに対し、欧州は2%未満の人口成長率を見せています。
  이 도표에서 알 수 있듯이, 아프리카가 42%의 인구 성장률을 보인 반면, 유럽은 2% 미만의 인구 성장률을 보이고 있습니다.

- このグラフから分かるように、62歳以上の年齢層のTVの好感度は、18歳から26歳のグループのほぼ3倍です。
  이 그래프에서 알 수 있듯이, 62세 이상 연령대의 TV 선호도는 18세에서 26세의 그래프의 거의 3배입니다.

- この円グラフから分かるように、会社の従業員の90%は女性であり、わずか10%だけが男性です。
  이 파이 차트에서 알 수 있듯이, 회사 종업원의 90%는 여성이며, 불과 10%만이 남성입니다.

- 上記の表2からも分かるように、企業の研究開発費が2000年以降、徐々に増加しています。
  위 표 2에서 알 수 있듯이, 기업체들의 연구 개발비가 2000년 이후로 계속해서 서서히 증가하고 있습니다.

- 見てもお分かりのように、日本の経済は危機的状態にあります。
  보시면 아실 수 있듯이, 일본의 경제는 위기 상황입니다.

Pattern 70. 이 수치는 ~한 것입니다

 Track 70

'徐々(じょじょ)に, 急激(きゅうげき)に 급격하게, 段々(だんだん) 점점'과 같은 말로 수치를 분석하여 설명한다.

- この数値は、昨年に予測していたものより約5%下落したものです。
  이 수치는 작년에 예측했던 것보다 약 5% 하락한 것입니다.

- 2007年になった時、この数値はほぼ3,900万に上昇しました。
  2007년이 되었을 때 이 수치는 거의 3,900만으로 상승했습니다.

- この数値は、2002年度に2.5%に下落し、2003年度には再び2.2%にまで低下しました。
  이 수치는 2002년도에 2.5%로 떨어졌고, 2003년도에는 또다시 2.2%로 떨어졌습니다.

- この数値が2011年度に10億を超えました。
  이 수치가 2011년도에 10억을 넘어섰습니다.

- この数値は、韓国では29%、日本では20%、中国では9%を示しています。
  이 수치는 한국에서는 29%, 일본에서는 20%, 중국에서는 9%로 나타내고 있습니다.

- 2008年度にその数値は2007年度の17.9%から16.7%に落ちましたが、今年の第1四半期に再び18.9%へと上昇に転じました。
  2008년도에 그 수치는 2007년도의 17.9%에서 16.7%로 떨어졌으나, 올해 1분기에 다시 18.9%로 상승세로 돌아섰습니다.

- この数値は2000年度に5百万に近づきました。
  이 수치는 2000년도에 5백만에 가까워졌습니다.

- 不当解雇された非正規労働者たちの数値が2%上昇し、2013年度に約5.7になりました。
  부당 해고를 당한 비정규직 근로자들의 수치가 2% 상승하여, 2013년도에 약 5.7가 되었습니다.

- 60歳以上の人口数が着実に増加しており、数値は将来さらに増える見通しです。
  60세 이상 인구수가 꾸준히 증가하고 있으며, 수치는 장차 더 늘어날 전망입니다.

~に伴(ともな)い
~에 따라

- 2010年から2012年まで観光客の数が100万人以下に低下したのに伴い、この期間の収益も60億ウォンから50億ウォンに減少しました。
  2010년에서 2012년까지 관광객의 수가 100만인 이하로 떨어짐에 따라, 이 기간의 수익도 60억 원에서 50억 원으로 줄어들었습니다.

Pattern 71. 수치 / 이익이 ~에 이르렀습니다

 Track 71

> 末는 すえ와 まつ로 읽는데 まつ는 그야말로 마지막 날을, すえ는 말일 당일을 포함, 바로 전 3~4일을 더 포함한다. まつ보다는 그 범위가 넓다고 볼 수 있다.

- 全国のスマートフォン使用者数が、2013年末に3千7百万人に達しました。
  전국의 스마트폰 사용자 수가 2013년 말에 3천 7백만 명에 이르렀습니다.

- 不満のある顧客の総苦情件数が、先月すでに300件に達しました。
  불만스러운 고객들의 총 불평 건수가 지난달에 벌써 300건에 이르렀습니다.

- 今年、わが社の年間純利益が100万ドルに達しました。
  올해 우리 회사의 연간 순이익이 100만 달러에 달했습니다.

- 2013年度、韓国の対中貿易黒字は年間20億ドルだったのに対し、対米貿易黒字は207億ドルに達しました。
  2013년도, 한국의 대중 무역 흑자는 20억 달러에 달하는 반면, 대미 무역 흑자는 207억 달러에 달하였습니다.

- 第4四半期の売上げが、会社の年間売り上げのほぼ20%を占めました。
  4/4분기의 매출이 회사 연 매출의 거의 20%를 차지했습니다.

- 第3四半期に貿易赤字が前四半期に比べ7%以上増加し、10億ドルに達しました。
  3/4분기에 무역 적자가 이전 분기에 비해 7% 이상 증가하여, 10억 달러에 달했습니다.

- 海外での売上げが総収益の60%を占め、わが社の製品の45%がアジア地域の市場で販売されています。
  해외 매출이 총수익의 60%를 차지하며 우리 회사 제품의 45%가 아시아 지역의 시장에 판매되고 있습니다.

 Words & Expressions

- 上昇(じょうしょう)に転(てん)じる 상승세로 돌아서다 ▶ 着実(ちゃくじつ)に増加(ぞうか)する 꾸준히 증가하다
- 達(たっ)する 달하다, 도달하다, 이르다 ▶ 貿易黒字(ぼうえきくろじ) 무역흑자

지금까지 앞에서 살펴 본 일본어 프레젠테이션 핵심 패턴을 확인해 보세요.

1. 보시면 아실 수 있듯이, 일본의 경제는 위기 상황입니다.

2. 이 수치는 작년에 예측했던 것보다 약 5% 하락한 것입니다.

3. 이 수치는 한국에서는 29%, 일본에서는 20% 그리고 중국에서는 9%로 나타났습니다.

4. 올해 우리 회사의 연간 순이익 100만 달러에 달했습니다.

5. 4/4분기의 매출이 회사 연 매출의 거의 20%를 차지했습니다.

6. 위 표 2에서 알 수 있듯이, 기업체들의 연구 개발비가 2000년 이후로 계속해서 서서히 증가하였습니다.

Answers
1. 見てもお分かりのように、日本の経済は危機的状態にあります。
2. この数値は、昨年に予測していたものより約5%下落したものです。
3. この数値は、韓国では29%、日本では20%、中国では9%を示しています。
4. 今年、わが社の年間純利益が100万ドルに達しました。
5. 第4四半期の売上げが、会社の年間売り上げのほぼ20%を占めました。
6. 上記の表2からも分かるように、企業の研究開発費が2000年以降、徐々に増加しています。

Chapter 19

시각 자료 설명할 때 증감 표현하기

시각 자료를 설명할 때 그래프나 도표가 변화를 보이는 추세나 그 정도를 설명해야 합니다. 증가 및 감소, 상향 및 하향 등을 분석하고, 현재 어느 정도의 변화를 보이고 있는지, 향후 어떤 계획이나 변화를 기대할 수 있는지를 분석하여 자료를 정확하게 전달해야 합니다. 그러면 청중의 이해를 돕는 증감의 표현들을 알아보기로 해요.

JAPANESE PRESENTATION

Pattern 72. ~이 증가 / 상승했습니다

Track 72

그래프나 도표로 변화나 향후 계획을 설명할 때

- 飛行機部品の生産が、上半期に最高潮に達しました。
  비행기 기계 부품 생산이 상반기에 최고조에 달했습니다.

- 消費者物価が、前四半期に最高潮に達しました。
  소비자 물가가 지난 분기에 최고조에 이르렀습니다.

- わが社の収益が、その有名人が出演した大々的な広告によって、ここ3ヵ月間で35%増えました。
  우리 회사의 수익이 그 유명인사가 출연한 대대적인 광고에 힘입어 지난 3개월간 35% 늘어났습니다.

- 国内景気がよくなって、株価が徐々に上がっています。
  국내 경기가 좋아져서 주가가 서서히 오르고 있습니다.

- この表を見れば、2011-12年と比較して、2012-13年に会社の収益と資本金がやや上昇したということが分かります。
  이 표를 보시면 2011-12년과 비교해서 2012-13년에 회사의 수익과 자본금이 약간 상승했다는 것을 알 수 있습니다.

- 農作物価格が、不作により2009年に急騰しました。
  농작물 가격이 흉작으로 인해 2009년에 급등했습니다.

- 1999年に、会社の負債がインフレで70億ウォンに急騰しました。
  1999년에 회사의 부채가 인플레로 70억 원으로 급등했습니다.

- この6ヵ月間、TS-100の生産比重が10%から60%と大幅に上昇しており、これに相応してDS-100の生産は60%から10%に減少しました。
  지난 6개월 간 TS-100의 생산 비중이 10%에서 60%로 큰 폭으로 상승하였고, 이에 상응하여 DS-100의 생산은 60%에서 10%로 감소했습니다.

Pattern 73. ~이 감소 / 하락했습니다

 Track 73

- グラフで分かるように、突然の惨事によって先月の販売数値が急減しました。
  그래프에서 알 수 있듯이, 갑작스런 참사로 인해 지난달 판매 수치가 급감했습니다.

- 私たちの純利益が緩やかに減少していたのが、今回の四半期に2.2%にまで落ちました。
  우리의 순이익이 완만하게 감소하다가 이번 분기에 2.2%까지 떨어졌습니다.

- 高い関税によって、英国への輸出が悪化しています。
  높은 관세로 인해 영국으로의 수출이 악화되고 있습니다.

- 中国がより厳格な関税政策を導入した結果、中国企業の購買力が少し落ちました。
  중국이 보다 엄격한 관세 정책을 도입한 결과, 중국 기업의 구매력이 조금 떨어졌습니다.

- ここ数ヶ月にわたって、技術力の不足による品質低下がありました。
  지난 몇 달에 걸쳐 기술력의 부족으로 인해 품질 저하가 있었습니다.

- 販売が急減した原因は、その国の不安な政治体制に起因したものでした。
  판매가 급감한 원인은 그 나라의 불안한 정치체제에서 기인한 것이었습니다.

- 欧州での韓国製品の市場占有率は、先月0.9%という最低値を記録しました。
  유럽에서 우리 제품의 시장 점유율은 지난 달 0.9%라는 최저치를 기록했습니다.

- IMFによって、会社の株価が10年前に底を打ちました。
  IMF로 인해 회사 주가가 10년 전에 바닥을 쳤습니다.

  底(そこ)を打(う)つ
  바닥을 치다

- 収益が同じ時期に、100億ドルから30億ドルへと急激に落ちました。
  수익이 같은 시기에 100억 달러에서 30억 달러로 급격히 떨어졌습니다.

Pattern 74. ~이 오르고 / 내리고 있는 중입니다  Track 74

- ウォンの価値が、ここ数ヶ月にわたって上がり続けています。
  원화 가치가 최근 몇 달에 걸쳐 오르고 있는 중입니다.

- わが社のネットブックパソコンの売上が、上がり続けています。
  우리 회사의 넷북 컴퓨터 매출이 꾸준히 오르고 있습니다.

- イヤホン販売が増加中です。
  이어폰 판매가 늘고 있는 중입니다.

- 生産率が増加しています。
  생산율이 증가하고 있습니다.

- 職場での喫煙者の数が減っています。
  직장에서 흡연자의 수가 줄어들고 있습니다.

- 死刑執行が全世界的に減っています。
  사형 집행이 전 세계적으로 줄어들고 있습니다.

Pattern 75. ~안정세를 유지하고 있습니다  Track 75

~での ~에서의
▶ ~で+の가
  결합한 형태

- グラフによると、我々の市場占有率は安定傾向を維持しています。
  그래프에 의하면 우리의 시장 점유율은 안정세를 유지하고 있습니다.

- この割合は、2012年上半期での安定傾向を維持しています。
  이 비율은 2012년 상반기의 안정세를 유지하고 있습니다.

- その数値は、物価がここ3ヶ月間、安定傾向を維持しているという証拠です。
  그 수치는 물가가 지난 석 달 동안 같은 안정세를 유지하고 있다는 증거입니다.

 Words & Expressions

▶ 大々的(だいだいてき) 대대적 ▶ 不作(ふさく) 흉작 ▶ 急騰(きゅうとう)する 급등하다
▶ 大幅(おおはば)に上昇(じょうしょう)する 큰 폭으로 상승하다 ▶ 厳格(げんかく) 엄격
▶ 死刑執行(しけいしっこう) 사형집행 ▶ 市場占有率(しじょうせんゆうりつ) 시장점유율
▶ 上半期(かみはんき) 상반기 ↔ 下半期(しもはんき) 하반기

Pattern Review

지금까지 앞에서 살펴 본 일본어 프레젠테이션 핵심 패턴을 확인해 보세요.

1. 소비자 물가가 지난 분기에 최고조에 이르렀습니다.

2. 1999년에 회사의 부채가 인플레로 70억 원으로 급등했습니다.

3. 그래프에서 알 수 있듯이, 갑작스런 참사로 인해 지난달 판매 수치가 급감했습니다.

4. 원화 가치가 최근 몇 달에 걸쳐 오르고 있는 중입니다.

5. 생산율이 증가하고 있습니다.

6. 이 비율은 2012년 상반기에 안정세를 유지하고 있습니다.

Answers
1. 消費者物価が、前四半期に最高潮に達しました。
2. 1999年に、会社の負債がインフレで70億ウォンに急騰しました。
3. グラフで分かるように、突然の惨事によって先月の販売数値が急減しました。
4. ウォンの価値が、ここ数ヶ月にわたって上がり続けています。
5. 生産率が増加しています。
6. この割合は、2012年上半期での安定傾向を維持しています。

Chapter 20

대략적인 범위를 설명할 때 어림치 표현하기

대략적인 범위로 어림치를 표현할 때에는 수치를 정확하게 분석하여 근거자료로 제시하지 않아도 되는 경우에 사용합니다. 전반적인 규모나 범위, 개략적인 상황이나 정도, 비율 등을 표현할 때 사용하면 유용하겠죠. 이번 장에서는 이렇게 대강 어림잡아 그 범위나 정도를 설명하는 표현들을 알아보기로 해요.

JAPANESE PRESENTATION

Pattern 76. ~이하 / 이상

 Track 76

- 先月には、インフレ率が3.2%以下を維持しました。
  지난달에는 인플레이션이 3.2% 이하를 유지하였습니다.

- パソコンの値段が、2008年の水準以下にまで落ちました。
  컴퓨터 가격이 2008년 수준 이하까지 떨어졌습니다.

- 数値がここ5ヵ月間、2%以下に止まっています。
  수치가 지난 5개월 동안 2% 이하에서 머물렀습니다.

  > ここ~
  > 지난~

- 会社は人員削減を10%以下と考えています。
  회사는 감원을 10% 이하로 생각하고 있습니다.

- 15人以下の職員を雇用した企業は、政府から税金上の優遇を受けるでしょう。
  15인 이하의 직원을 고용한 업체들은 정부로부터 세금 혜택을 받을 것입니다.

- わが社は3年強という比較的短期間に、二桁の輸出成長率を達成しました。
  우리 회사는 3년이 조금 넘는 비교적 짧은 시간에 두 자릿수의 수출 성장률을 달성했습니다.

  > 強(きょう)는 조금 넘는 것을, 弱(じゃく)는 조금 모자란 것을 의미

- 生産単価は、150ドルをはるかに超えると予想されます。
  생산 단가는 150달러를 훨씬 넘을 것으로 예상됩니다.

- わが社は、来年に50%以上の成長を期待しています。
  저희 회사는 내년에 50% 이상의 성장을 기대하고 있습니다.

- 今年度の経営実績は昨年度を上回りました。
  이번 연도의 경영 실적은 작년도를 웃돌았습니다.

Pattern 77. 대략 / 거의 / 어림잡아  Track 77

대략적인 범위를 표현할 때는 くらい 정도, およそ 대략, ほぼ 거의, 程度(ていど) 정도, 前後(ぜんご) 전후, 大(おお)まか 대충 등과 같은 말을 쓴다.

- この数値は、同年齢層の約3.7%に該当します。
  이 수치는 이 연령대의 약 3.7%에 해당합니다.

- 昨年、その会社の年間売上高は、約700万ドルでした。
  작년에 그 회사의 연간 매출액은 약 700만 달러였습니다.

- 製品の大きさは、長さが約30cmで幅が15cmです。
  제품의 크기는 길이가 약 30cm이고 폭이 15cm입니다.

- 労働者のおよそ15%が、注文の減少により解雇される予定です。
  노동자의 대략 15%가 주문 감소로 해고될 예정입니다.

- 大体の目安として、わが社は今年末までに、300人の追加人員を雇用する予定です。
  어림잡아 저희 회사는 올해 말까지 300명의 추가 인원을 고용할 예정입니다.

- 今日の新製品発表会に、大まかに見積もって7千人が出席したようです。
  오늘 저희 신제품 발표회에 어림잡아 7천명이 참석한 것 같습니다.

Pattern 78. 비율 / 비중은 ~입니다  Track 78

- 前四半期に、職員の転職率は約7%でした。
  지난 분기에 직원의 이직률은 약 7%였습니다.

- 債務償還比率は、2002年と2003年の間に19.4%に止まっています。
  채무 상환 비율은 2002년과 2003년 사이에 19.4%에 머물렀습니다.

- その会社の外国人投資比率は、ほぼ40%です。
  그 회사의 외국인 투자 비율은 거의 40%입니다.

- 女性職員のうち、最も高い比率が35歳と55歳のパート労働者です。
  여성 직원들 중 가장 높은 비율이 35세와 55세 사이의 시간제 근로자입니다.

- この工場の女性と男性の割合は1対5です。
  이 공장의 여성과 남성의 비율은 1대 5입니다.

- ほぼ半分の職員が、来年にある会社のリストラでいなくなります。
  거의 절반의 직원이 내년에 있을 회사의 구조 조정으로 없어지게 될 것입니다.

- 2009年までの資料をご覧になれば、労働者の2/3が女性であることが分かります。
  2009년까지의 자료를 보시면 근로자의 2/3가 여성임을 알 수 있습니다.

Pattern 79. 평균 / 합계가 ~입니다

- 2014年現在、コーヒーの平均輸入関税は約5.2%です。
  2014년 현재 커피의 평균 수입 관세는 약 5.2%입니다.

- 以下の数値は、ここ5年間雇用された職員全体の数を示します。
  아래의 수치는 지난 5년간 고용된 전체 직원 수를 나타냅니다.

計(けい) 총
＝総額(そうがく)
총액

- 今年の輸出が計100万ドルで、来年には150万ドルを期待しています。
  올해 수출이 총 100만 달러로 내년에는 150만 달러를 기대하고 있습니다.

- この数値は1年間の累計を示します。
  이 수치는 1년간의 누계를 나타냅니다.

- 売上の資料を見れば、ソウルにある携帯電話の代理店の総売上が分かります。
  매출 자료를 보시면 서울에 있는 모든 휴대폰 대리점의 총 매출을 알 수 있습니다.

Words & Expressions

- 止(とど)まっている 머물러 있다 ▶ 人員削減(じんいんさくげん) 인원삭감
- 税金上(ぜいきんじょう)の優遇(ゆうぐう)を受(う)ける 세금상 우대를 받다 ▶ 二桁(ふたけた) 두 자리
- 債務償還比率(さいむしょうかんひりつ) 부채 상환 비율
- 大体(だいたい)の目安(めやす)として 대충잡아, 어림잡아 ▶ 大(おお)まかに見積(みつ)もって 대충 어림잡아

Pattern Review

지금까지 앞에서 살펴 본 일본어 프레젠테이션 핵심 패턴을 확인해 보세요.

1. 작년에 그 회사의 연간 매출액은 약 700만 달러였습니다.

   ....

2. 대략 노동자의 15%가 주문 감소로 해고될 예정입니다.

   ....

3. 수치가 지난 5개월 동안 2% 이하에서 머물렀습니다.

   ....

4. 생산 단가는 150달러를 훨씬 넘을 것으로 예상됩니다.

   ....

5. 채무 상환 비율은 2002년과 2003년 사이에 19.4%에 머물렀습니다.

   ....

6. 2014년 현재 커피의 평균 수입 관세는 약 5.2%입니다.

   ....

Answers

1. 昨年、その会社の年間売上高は、約700万ドルでした。
2. 労働者のおよそ15%が、注文の減少により解雇される予定です。
3. 数値がここ5ヵ月間、2%以下に止まっています。
4. 生産単価は、150ドルをはるかに超えると予想されます。
5. 債務償還比率は、2002年と2003年の間に19.4%に止まっています。
6. 2014年現在、コーヒーの平均輸入関税は約5.2%です。

대략적인 범위를 설명할 때 어림치 표현하기

Chapter 21 회사를 소개할 때 재무구조 표현하기

프레젠테이션의 목적이 고객, 직원, 주주, 투자자에게 회사에 대해 전반적인 소개를 하는 것이라면 회사의 실적과 성장, 재무구조 등을 알리는 것이 중요하겠죠. 무엇보다도 청중은 기업의 자산, 부채, 자본 등의 재정 상황과 향후 미래 전망에 대해 관심이 클 겁니다. 이 때 사용하는 유용한 표현들을 알아보기로 해요.

J A P A N E S E   P R E S E N T A T I O N

Pattern 80. 저희 회사는 ~입니다

회사에 대한 기본적이며 다양한 정보를 제공할 때

- わが社は1983年に設立され、主な事業領域は半導体です。
  저희 회사는 1983년에 설립되었고 주 사업영역은 반도체입니다.

- わが社は1977年に始まり、35年間、この分野でトップの座を守っています。
  저희 회사는 1977년에 시작되었고 35년 간 이 분야에서 선두 자리를 지키고 있습니다.

- わが社は生命工学分野で市場をリードする企業のうちの一つです。
  저희 회사는 생명공학 분야에서 시장을 선도하는 기업 중의 하나입니다.

Pattern 81. 수익 / 자산은 ~입니다

회사의 매출, 수익, 실적, 성과 등을 보고할 때

- わが社の年間所得は35万ドルに達します。
  저희 회사의 연간 소득은 35만 달러에 이릅니다.

- わが社の資産は現金、株式、債券、不動産から成っており、現在、資産は20億ドルに達します。
  저희 회사의 자산은 현금, 주식, 채권, 부동산으로 구성되어 있으며, 현재 자산은 20억 달러에 이릅니다.

- 今年の総売上は、景気低迷にもかかわらず、前年度に比べて17%増しの2,000万ドルです。
  올해 총매출은 경기 침체에도 불구하고 전년도에 비해 17%가 증가한 2,000만 달러입니다.

増(ま)しの
=増加(ぞうか)した
증가한

- わが社の純利益が、ここ3年間で2倍に上昇しました。
  저희 회사의 순수익이 지난 3년간 두 배로 상승하였습니다.

- わが社の資本金は1,000万ドルでした。
  저희 회사의 자본금은 1,000만 달러였습니다.

Pattern 82. 적자 / 부채는 ~입니다

비용이나 지출 또는 적자나 부채 등을 언급하여 회사의 현 재정 상황을 보고할 때

- 私たちは黒字を維持しています。
  저희는 흑자를 유지하고 있습니다.

- 前四半期に、貿易黒字が最高を記録しました。
  지난 분기에 무역 흑자가 최고를 기록했습니다.

- わが社はさらに、計3億ドルを超えるほどの支払準備金を保有しています。
  게다가 저희 회사는 총 3억 달러가 넘을 정도의 지불 준비금을 보유하고 있습니다.

- 報告書によると、その大企業は莫大な負債で倒産してしまいました。
  보고서에 따르면 그 대기업은 막대한 부채로 도산하고 말았습니다.

- 債権団は、わが社の債務が約200万ドルほど資産を越えていると推算しています。
  채권단은 저희 회사의 채무가 약 200만 달러 정도 자산을 초과하고 있다고 추산하고 있습니다.

- わが社は2004年以降赤字続きであり、累積赤字は計1,000万ドルです。
  저희 회사는 2004년 이후 계속 적자였으며, 누적된 적자는 총 1,000만 달러입니다.

- 私たちはずっと赤字状態であり、約970万ドルに達します。
  저희는 계속 적자 상태이며 약 970만 달러에 달합니다.

- 同じ時期に、後払いの買取金と未払費用もまた290万ドルから380万ドルとなり、500万ドルから700万ドルにそれぞれ増加しました。
  같은 시기에 외상 매입금과 미지급 비용 또한 290만 달러에서 380만 달러로, 500만 달러에서 700만 달러로 각각 증가하였습니다.

- 現在、債務は支払手形、後払いの買取金、未払費用を含め、計5,000万ドルです。
  현재 채무는 지불어음, 외상 매입금, 미지급 비용을 포함하여 총 5,000만 달러입니다.

Pattern 83. ~할 계획입니다

 Track 83

향후 사업 계획이나 미래에 대한 발전 가능성, 전망 등을 표현할 때

- 来年、私たちは顧客サービスを効果的に拡大・改善する計画です。
  내년에 저희는 고객 서비스를 효과적으로 확대 개선할 계획입니다.

- 来年、わが社は前年比15％以上の成長率を記録すると予想されます。
  내년에 저희 회사는 전년 대비 15% 이상의 성장률을 기록할 것으로 예상됩니다.

- わが社は、今後5年間、推進する最優先順位のプロジェクトを選定しました。
  저희 회사는 향후 5년간 추진할 최우선 순위 프로젝트를 선정하였습니다.

- 私たちの目標は、今後数年以内に史上最高値の純収益を出すことです。
  저희의 목표는 향후 몇 년 내에 사상 최고치에 이르는 순수익을 내는 것입니다.

- わが社は、オンラインゲーム産業界で最高の会社になるよう努力しています。
  저희 회사는 온라인 게임 산업계에서 최고의 회사가 되고자 노력하고 있습니다.

- 私たちの市場占有率は35％です。私たちはさらに高い市場シェアを確保し、着実に成長するよう努力致します。
  저희의 시장 점유율은 35%입니다. 저희는 더 높은 시장 점유율을 확보하고 꾸준히 성장하도록 더욱 분투할 것입니다.

▶ 後払(あとばら)い 외상   ▶ 買取金(かいとりきん) 매입금   ▶ 未払費用(みばらいひよう) 미지급 비용

회사를 소개할 때 재무구조 표현하기

지금까지 앞에서 살펴 본 일본어 프레젠테이션 핵심 패턴을 확인해 보세요.

1. 저희 회사는 생명공학 분야에서 시장을 선도하는 기업 중의 하나입니다.

2. 저희 회사의 연간 소득은 35만 달러에 이릅니다.

3. 저희 회사의 순수익이 지난 3년간 두 배로 상승하였습니다.

4. 지난 분기에 무역 흑자가 최고를 기록했습니다.

5. 보고서에 따르면 그 대기업은 막대한 부채로 도산하고 말았습니다.

6. 내년에 저희는 고객 서비스를 효과적으로 확대 개선할 계획입니다.

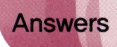

Answers
1. わが社は生命工学分野で市場をリードする企業のうちの一つです。
2. わが社の年間所得は35万ドルに達します。
3. わが社の純利益が、ここ3年間で2倍に上昇しました。
4. 前四半期に、貿易黒字が最高を記録しました。
5. 報告書によると、その大企業は莫大な負債で倒産してしまいました。
6. 来年、私たちは顧客サービスを効果的に拡大・改善する計画です。

Chapter 22

제품 발표할 때 특징 소개하기

프레젠테이션의 주제가 새로운 정보나 기술, 신제품 발표와 관련된 것이라면 그 내용이 복잡하여 다소 장황해 질 수도 있습니다. 새로운 기술이나 신제품에 대한 정보를 전달하고 소개하는 방법에 따라 효과는 달라지겠죠. 이제 새로운 정보 전달, 제품의 특성과 용도, 장점 등을 어떻게 표현하는지 알아보기로 해요.

JAPANESE PRESENTATION

Pattern 84. 제품의 ~에 대해서 말씀드리겠습니다

제품의 특징이나 새로운 정보를 전달하고자 할 때

- 新製品の主な特徴について申し上げます。
  신제품의 주요 특징에 대해서 말씀드리겠습니다.

- では、製品の細部の特徴について申し上げます。
  그럼 제품의 세부 특징에 대해서 말씀드리겠습니다.

- では、新商品の品質についてお話し致します。
  그럼 신상품의 품질에 대해서 얘기해 보도록 하겠습니다.

- 販売を促進させた新商品の色彩について見てみます。
  판매를 촉진시킨 신상품의 색상에 대해 살펴보겠습니다.

- では、製品価格の調整について議論してみることにします。
  그럼 제품 가격 조정에 대해서 논의해보도록 하겠습니다.

- 新製品の販路を図るために、皆様のご意見をお聞きしたいです。
  신제품의 판로를 모색하기 위하여 여러분의 의견을 듣고 싶습니다.

- では、新商品にどんな名前をつけるかについて話し合ってみることにします。
  그럼 신상품에 이름을 어떻게 붙일지에 대해서 얘기해 보도록 하겠습니다.

- 製品の安全性について申し上げます。
  제품의 안전성에 대해서 말씀드리겠습니다.

Pattern 85. 제품의 특징은 ~입니다  Track 85

- 当社の製品の特徴は、静電気の防止装置があるという点です。
  당사 제품의 특징은 정전기 방지 장치가 있다는 점입니다.

主要(しゅよう)な
＝主(おも)な
주요한

- 当社の商品の主要な特徴は、全ての商品が天然の皮革素材という点です。
  당사 상품의 주요한 특징은 모든 상품이 천연 가죽 소재라는 점입니다.

- この最新モデルは、電波探知機センサーと電子警報装置が特徴です。
  이 최신 모델은 전파 탐지기 센서와 전자 경보 장치가 특징입니다.

- モデルFGS-10は、オリジナルと比較し、本体がより軽くなったのが特徴です。
  모델 FGS-10은 오리지널과 비교해서 본체가 더욱 가벼워진 것이 특징입니다.

- この装置は、皆様の血圧数値が分かる便利な内蔵LEDディスプレイが特徴です。
  이 장치는 또한 여러분의 혈압 수치를 알 수 있는 편리한 내장 LED 디스플레이가 특징입니다.

- 魅力的なこの製品の特徴は、防止と防水です。
  매력적인 이 제품의 특징은 방지와 방수입니다.

- この製品の第一の特徴は、容器の新しいデザインです。
  이 제품의 첫 번째 특징은 용기의 새로운 디자인입니다.

- 他社の製品と差別化できる要素として、当社の製品は作動するのに簡便な機能があるという点です。
  타사의 제품과 차별화 할 수 있는 요소로는 당사 제품들은 작동하기에 간편한 기능이 있다는 점입니다.

Pattern 86. 제품의 장점 / 약점은 ~입니다  Track 86

장점은 長所나
강점를 써서 표현
하고, 단점은 短所,
弱点으로 말한다.

- 当社の製品の一番大きな長所は、価格競争力です。
  저희 제품의 가장 큰 장점은 가격 경쟁력입니다.

- 当社の商品の長所は、美しさと堅固さです。
  저희 상품의 장점은 아름다움과 견고함입니다.

JAPANESE PRESENTATION 113

- この製品の強みは高品質、快適性、そして革新的なデザインです。
  이 제품의 강점은 고품질, 편안함 그리고 혁신적인 디자인입니다.

- 当社の商品の唯一の短所は、熱に弱いという点です。
  저희 상품의 유일한 단점은 열에 취약하다는 점입니다.

- ガラス製品の唯一の短所は製造が難しい点であり、これによって価格が高くなることです。
  유리 제품의 유일한 단점은 제조가 까다로운 점인데, 이로 인해 가격이 높아지는 것입니다.

- この製品の弱点は、会社の認知度が低く、顧客を引き付けられない点です。
  이 제품의 약점은 회사 인지도가 낮아서 고객을 끌지 못하고 있다는 점입니다.

Pattern 87. 저희 제품은 ~할 것으로 확신합니다  Track 87

- 私たちは、これらの製品がコンピューター産業の技術を改善させるものと確信しています。
  저희는 이 제품들이 컴퓨터 산업의 기술을 개선시킬 것으로 확신하고 있습니다.

- 私たちは、この製品が競争が熾烈な市場で大ヒットすると思っています。
  저희는 이 제품이 경쟁이 치열한 시장에서 큰 히트를 칠 거라고 생각합니다.

- 低価格のため、当社の製品は若い消費者にとって魅力的でしょう。
  저렴한 가격 때문에 당사 상품은 젊은 소비자에게 매력적일 것입니다.

- 当社の最新の商品が、独身者の要求を満足させると確信しています。
  당사의 최신 상품이 독신자들의 요구를 충족시킬 거라고 확신합니다.

- 私たちは、すべてのお客様一人一人に合わせたサービスを提供することを約束致します。
  저희는 모든 고객 분들에게 개개인에 맞춘 서비스를 제공할 것을 약속드립니다.

Words & Expressions

▶ 静電気(せいでんき)の防止装置(ぼうしそうち) 정전기 방지 장치 ▶ 皮革素材(ひかくそざい) 가죽 소재
▶ 熾烈(しれつ) 치열

Pattern Review

지금까지 앞에서 살펴 본 일본어 프레젠테이션 핵심 패턴을 확인해 보세요.

1. 신제품의 주요 특징에 대해서 말씀드리겠습니다.

2. 그럼 제품 가격 조정에 대해서 논의해보도록 하겠습니다.

3. 당사 상품의 주요한 특징은 모든 상품이 천연 가죽 소재라는 점입니다.

4. 이 최신 모델은 전파 탐지기 센서와 전자 경보 장치가 특징입니다.

5. 저희 제품의 가장 큰 장점은 가격 경쟁력입니다.

6. 저렴한 가격 때문에 우리 상품은 젊은 소비자에게 매력적일 것입니다.

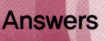

1. 新製品の主な特徴について申し上げます。
2. では、製品価格の調整について議論してみることにします。
3. 当社の商品の主要な特徴は、全ての商品が天然の皮革素材という点です。
4. この最新モデルは、電波探知機センサーと電子警報装置が特徴です。
5. 当社の製品の一番大きな長所は、価格競争力です。
6. 低価格のため、当社の製品は若い消費者にとって魅力的でしょう。

Chapter 23

예외의 경우를 밝힐 때 바꿔 말하기·화제 전환하기

프레젠테이션을 진행하면서 주제의 내용에서 가능한 한 벗어나지 않는 것이 당연한 일이지요. 하지만 예외의 경우를 밝히거나 앞서 한 말을 한 번 더 구체적으로 언급함으로써 내용이나 주제를 보충하고 이를 부각시키기도 합니다. 그럼 이럴 경우에 사용하면 유용한 표현들을 알아보기로 해요.

JAPANESE PRESENTATION

Pattern 88. ~을 제외하고

예외를 밝히며
내용이나 주제를
부각시키고자 할 때

- 欧州での幾つかの都市を除いて、わが社の新製品に対する消費者の反応は悪くありませんでした。
  유럽에서 불과 몇몇 도시를 제외하고, 저희 회사의 신제품에 대한 소비자의 반응은 나쁘지 않았습니다.

- 私たちは50歳以上の方を除いて、韓国の統一に対するアンケート調査を実施しました。
  저희는 50세 이상의 사람을 제외하고 한국의 통일에 대한 설문조사를 실시했습니다.

- 2010年の数値を除いては、非常に健全な財政を維持しています。
  2010년 수치를 제외하고는, 아주 건전한 재정을 유지하고 있습니다.

~によると
~에 의하면

- このデータによると、昨年度の彼らの事業成果は、8月を除けばすばらしいものでした。
  이 데이터에 의하면 작년도 그들의 작업성과는 8월을 제외하면 대단했습니다.

- 今回の財政的な問題を除けば、これまで労働者の間で特に衝突はありませんでした。
  이번 재정적인 문제를 제외하면 그동안 근로자들 간에 특별한 충돌은 전혀 없었습니다.

- 在庫品を安く売る以外に、これを処分する代案はありませんでした。
  재고품을 싸게 파는 것 외에 이를 처분할 대안은 없었습니다.

- 上半期に起きた予期せぬ事故に対して保険料を支払ったこと以外には、今年の運営コストを越えていません。
  상반기에 일어난 예기치 않은 사고에 대해 보험료를 지불한 것 외에는 올해 운영비용을 초과하지 않았습니다.

- 今回は、子どものいない方は例外とします。
  이번에는 자녀가 없는 분들은 예외로 하겠습니다.

Pattern 89. 예외사항은 ~입니다

 Track 89

- 今回の新規保険制度の例外事項は、家族にがん患者がいる人は除外されるという点です。
  이번 신규 보험 정책의 예외사항은 암 가족병력이 있는 사람은 제외된다는 점입니다.

- 中国で貴社の製品を販売するためのマーケティング戦略において、一つの例外事項は、彼らの自尊心を傷つけてはいけないという点です。
  중국에서 귀사의 제품을 판매하기 위한 마케팅 전략에 있어서 한 가지 예외 사항은 그들의 자존심을 건드려서는 안 된다는 점입니다.

- 例外的に、国際市場の拡大は、今後数年間、続けるつもりです。
  예외적으로 국제 시장 확장은 향후 몇 년 동안 계속할 생각입니다.

例外的(れいがいてき)に
＝例外として
예외적으로

- 皆さんの昇進の機会に、ただ一つの例外事項があります。それは収賄や腐敗です。
  여러분들의 승진 기회에 단 한 가지 예외사항이 있습니다. 그것은 뇌물수수와 부패입니다.

- 40代の男性を攻略する戦略には、一つ、例外事項があります。皆さんはそれが何だと思いますか。
  40대 남성을 공략하는 전략에는 한 가지 예외사항이 있습니다. 여러분들은 그것이 무엇이라고 생각하십니까?

Pattern 90. ~는 ~을 포함하지는 않습니다

 Track 90

- この数値は、国内市場の販売は含まれていません。
  이 수치는 국내 시장의 판매는 포함되어 있지 않습니다.

- サンダルとストッキングは、タイの輸出品目から除かれました。
  샌들과 스타킹은 태국 수출 품목에서 배제되었습니다.

- 今年の配当金は、税金を含まず約9％になるでしょう。
  올해의 배당금은 세금을 포함하지 않고 약 9％가 될 것입니다.

Pattern 91. 제가 드리고 싶은 말씀은 ~입니다

 Track 91

자신이 방금 한 말을 구체적으로 부연 설명하거나 수정할 때

- 事故は起きます。**私が申し上げたいのは、**私たちが注意を怠った時に起きる**ということです。**
  사고는 일어납니다. 제가 드리고 싶은 말씀은 우리가 부주의할 때 생기는 일이란 뜻입니다.

- 大規模な構造調整がもうすぐあります。**私が申し上げたいのは、**今後数ヵ月以内にあるだろう**ということです。**
  대규모 구조조정이 곧 있을 것입니다. 제가 드리고 싶은 말씀은 앞으로 몇 달 이내에 있을 거라는 뜻입니다.

- その従業員の大多数は非常に年配です。**私が申し上げたいのは、**60歳を越えている**ということです。**
  그 직원들 중 상당수는 매우 나이가 많습니다. 제가 드리고 싶은 말씀은 60세가 넘는다는 뜻입니다.

- 当社の最新製品に大きな問題があると言われています。**私が申し上げたいのは、**モデルKWR 590についてです。**
  우리 최신 제품에 큰 문제가 있다고들 말하고 있습니다. 제가 드리고 싶은 말씀은 모델 KWR 590에 대해서입니다.

- リサイクル、**私が申し上げたいのは、**紙、プラスチック、ビン、缶のリサイクルの量が、現在50%だ**ということです。**
  재활용, 제가 드리고 싶은 말씀은 종이, 플라스틱, 병, 캔의 재활용량이 현재 50%이라는 점입니다.

 Words & Expressions

▶ 衝突(しょうとつ) 충돌 ▶ 予期(よき)せぬ事故(じこ) 예고치 않은 사고 ▶ 支払(しはら)う 지불하다
▶ 収賄(しゅうわい) 수회, 뇌물을 받음 ▶ 腐敗(ふはい) 부패 ▶ 輸出品目(ゆしゅつひんもく) 수출 품목

Pattern Review

지금까지 앞에서 살펴 본 일본어 프레젠테이션 핵심 패턴을 확인해 보세요.

1. 재고품을 싸게 파는 것 외에 이를 처분할 대안은 없었습니다.

2. 이번 재정적인 문제를 제외하면 그동안 근로자들 간에 특별한 충돌은 전혀 없었습니다.

3. 40대 남성을 공략하는 전략에는 한 가지 예외사항이 있습니다.

4. 사고는 일어납니다. 제가 드리고 싶은 말씀은 우리가 부주의할 때 생기는 일이란 뜻입니다.

5. 그 직원들 중 상당수는 매우 나이가 많습니다. 제가 드리고 싶은 말씀은 60세가 넘는다는 뜻입니다.

6. 올해의 배당금은 세금을 포함하지 않고 약 9%가 될 것입니다.

Answers
1. 在庫品を安く売る以外に、これを処分する代案はありませんでした。
2. 今回の財政的な問題を除けば、これまで労働者の間で特に衝突はありませんでした。
3. 40代の男性を攻略する戦略には、一つ、例外事項があります。
4. 事故は起きます。私が申し上げたいのは、私たちが注意を怠った時に起きるということです。
5. その従業員の大多数は非常に年配です。私が申し上げたいのは、60歳を越えているということです。
6. 今年の配当金は、税金を含まず約9%になるでしょう。

Chapter 24

권고 · 제안할 때 조언하기

프레젠테이션 결론을 내릴 때에 발표자가 청중에게 하는 권고나 제안은 상황에 따라 표현을 달리 해야 합니다. 권고나 제안은 어떤 결정을 내릴 때에 도움이 될 만한 조언이 될 수도 있고 행동 방침이나 계획 수립에 도움이 될 만한 권고가 될 수 있는데요. 어감이 지나치게 강하여 청중에게 불쾌감을 줄 수 있는 표현도 있으니 상황에 맞는 적절한 표현을 익혀두기로 해요.

J A P A N E S E   P R E S E N T A T I O N

Pattern 92. ~할 것을 제안합니다

Track 92

아이디어나 계획 등을 적극적으로 피력하고자 할 때는 ~を提案します를, 아이디어나 계획 등을 가볍게 꺼내어 슬며시 운을 뗄 경우에는 ~はどうかと思います와 같은 표현을 쓴다.

- 私はマーケティングチームを3つの別のチームに分ける**ことを提案します**。
  저는 마케팅 팀을 세 개의 별도의 팀으로 나눌 것을 제안합니다.

- 契約を受注するにあたって、他の会社と競争する準備ができていれば、次のような**ことを提案します**。
  계약을 따내기 위해 다른 회사들과 경쟁할 준비가 되어 있다면 다음과 같은 것을 제안합니다.

- 私は会社が競争力を維持できるよう製品の単価を下げる**ことを提案します**。
  저는 회사가 경쟁력을 유지하도록 제품의 단가를 낮출 것을 제안합니다.

- 会社がその企画が成功することができるよう、財政的な支援をしてくれる**ことを提案します**。
  회사가 그 기획이 성공할 수 있도록 재정적인 지원을 해 줄 것을 제안합니다.

- 今回の長期間のプロジェクトが終わったら、皆さんが1週間の休息を取る**ことを提案します**。
  이번 장기간의 프로젝트가 끝나면 여러분들이 1주일간의 휴식을 취하기를 제안합니다.

- 私は皆さんが貧困と飢饉対策キャンペーンに参加する**ことを提案したいと思います**。
  저는 여러분들이 가난과 기근 대책 캠페인에 동참할 것을 제안하고 싶습니다.

- 問題点を打開する案として、現在の品質管理システムの改善**を提案します**。
  문제점을 타개하는 방안으로 현 품질 관리 시스템의 개선을 제안합니다.

- 毎月、会議をして**はどうかと思います**。
  매월 회의를 하는 게 어떨까 생각합니다.

Pattern 93. ~할 때입니다

 Track 93

- 今が、わが社がヨーロッパでの事業機会を模索する時です。
  지금이 우리 회사가 유럽에서 사업 기회를 모색할 때입니다.

- 今が、生産施設の拡張に対する計画を立てなければならない時です。
  지금이 생산 시설의 확장에 대한 계획을 세워야 할 때입니다.

- 成果をあげるのに力を入れなければならない時です。
  성과를 올리는데 주력해야 할 때입니다.

- 今が、私たちが他の競争企業と協力しなければならない時です。
  지금이 우리가 다른 경쟁업체들과 협력해야 할 때입니다.

- 会社が買掛金と支払手形を返済しなければならない時です。
  회사가 외상 매입금과 지불 어음을 갚아야 할 때입니다.

- わが社はここ5年間、順調に成長してきました。そして、今がまさに、わが社が市場をリードしていく適期だと思います。
  우리 회사는 지난 5년간 꾸준히 성장해 왔습니다. 그리고 지금이 바로 우리 회사가 시장을 선도해야 할 적기라고 생각합니다.

力(ちから)を入(い)れる
힘을 쏟다, 주력하다

Pattern 94. ~할 것을 권합니다

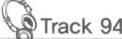 Track 94

- その会社の現金の流れが安定的ではありません。したがって、その会社に投資するのをやめることをお勧めします。
  그 회사의 현금 흐름이 안정적이지 않습니다. 따라서 그 회사에 투자하는 것을 그만 두시기를 권합니다.

- 可能な限り早くKEPO社との契約を締結することをお勧めします。
  가능한 한 빨리 KEPO사와의 계약을 체결하실 것을 권합니다.

- TMG Motorsとの合併を直ちに行うことを強くお勧めします。
  TMG Motors와의 합병을 즉시 하실 것을 강하게 권합니다.

- 中国市場が非常に広く、しかも市場の潜在性が高いので、私たちは当然のごとく中国をお勧めします。
  중국 시장이 매우 넓고 게다가 시장의 잠재성이 엄청나기 때문에 저희는 단연코 중국을 추천합니다.

청중에게 도움이 될 수 있는 이점에 대해 권고하거나 긍정적인 조언을 할 때

当然(とうぜん)のごとく
단연코
▶ ~のように、~のような、당연한 전과 같은 느낌으로 쓴다.

Pattern 95. ~하지 말 것을 조언해드리겠습니다  Track 95

어떤 결정을 단행할 경우 생길 수 있는 위험이나 리스크에 대해 경고성의 조언을 할 때 쓰는 표현

- 破産の危機に追い込まれた会社とは取引するべきではないという助言をさせていただきます。
  파산 위기에 처한 회사와는 거래하지 말라는 조언을 해 드리겠습니다.

- 労働組合との葛藤を回避してはいけないという助言をさせていただきます。
  노조와의 갈등을 회피하지 말라는 조언을 해 드리겠습니다.

- 私はGMT社の普通株を買わないよう強く助言致します。
  저는 GMT사의 보통주를 사지 말 것을 강력하게 해 드리겠습니다.

Pattern 96. ~을 강력히 요구하는 바입니다  Track 96

설득하기가 힘든 상황에서 격식을 갖추어 강력하게 권고하거나 촉구하고자 할 때

- 当社の商品名を使用しないよう強く要求致します。
  저희 상품명을 사용하지 말라고 강력하게 촉구하는 바입니다.

- 問題の深刻さを再考していただけるよう強く勧告致します。
  문제의 심각성을 재고해 주시기를 강력히 권고하는 바입니다.

- 向こう数ヵ月間、優良株を売らないことを強く勧告致します。
  앞으로 몇 달 동안 우량주를 팔지 말 것을 강력히 권고하는 바입니다.

Words & Expressions

▶貧困(ひんこん) 빈곤　▶飢饉対策(ききんたいさく) 기근 대책　▶買掛金(かいかけきん) 외상 매입금
▶支払手形(しはらいてがた) 지불 어음　▶返済(へんさい)する 반제하다, 갚다　▶直(ただ)ちに 곧, 즉시

Pattern Review
JAPANESE PRESENTATION

지금까지 앞에서 살펴 본 일본어 프레젠테이션 핵심 패턴을 확인해 보세요.

1. 저는 마케팅 팀을 세 개의 별도의 팀으로 나눌 것을 제안합니다.

2. 저는 회사가 경쟁력을 유지하도록 제품의 단가를 낮출 것을 제안합니다.

3. 지금이 생산 시설의 확장에 대한 계획을 세워야 할 때입니다.

4. 지금이 우리가 다른 경쟁업체들과 협력해야 할 때입니다.

5. 가능한 한 빨리 KEPO사와의 계약을 체결하실 것을 권고합니다.

6. 노조와의 갈등을 회피하지 말라는 조언을 해 드리겠습니다.

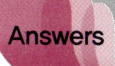

Answers
1. 私はマーケティングチームを3つの別のチームに分けることを提案します。
2. 私は会社が競争力を維持できるよう製品の単価を下げることを提案します。
3. 今が、生産施設の拡張に対する計画を立てなければならない時です。
4. 今が、私たちが他の競争企業と協力しなければならない時です。
5. 可能な限り早くKEPO社との契約を締結することをお勧めします。
6. 労働組合との葛藤を回避してはいけないという助言をさせていただきます。

Chapter 25

해결방안을 모색할 때 대안 제시하기

현실적으로 문제해결에 도움이 되는 방안을 모색하고 이에 대처할 방안을 제시하려면 먼저 현 상황에 대한 전반적인 분석이 선행되어야 합니다. 그다음 당면한 문제가 무엇인지 문제점을 제시하고 이에 대한 해결책으로 대안을 제시하는 것이 효과적이겠죠. 마지막으로 문제 해결에 따른 기대효과까지 언급을 하면 발표자가 청중에게 전달하고자 하는 메시지는 충분하다고 볼 수 있습니다.

JAPANESE PRESENTATION

Pattern 97. 우리가 당면한 문제는 ~입니다

현재의 상황을 설명하면서 대처방안을 제시할 때

- 我々が直面している問題は、どうすれば負債を減らせるかです。
  우리가 당면한 문제는 어떻게 하면 부채를 줄이느냐 입니다.

- 我々が直面している問題は、広告費を除いてすべての支出が予算を超過したという点です。
  우리가 당면한 문제는 모든 지출이 광고비를 제외하고 예산을 초과했다는 점입니다.

- 我々が直面している問題は、早急に機械の遊休時間を減らさなければならないということです。
  우리가 당면한 문제는 조속히 기계의 유휴시간을 줄여야 한다는 것입니다.

- 当面した緊急の問題は、IT事業分野における損失を減らすことです。
  당면한 급한 문제는 IT 사업 분야에서의 손실을 줄이는 것입니다.

- 我々が直面している問題は、販売量ではなく、在庫量です。
  우리가 당면한 문제는 판매량이 아니라 재고량입니다.

- わが社が当面している問題は、組織再編の必要性です。
  우리 회사가 당면한 문제는 조직 개편의 필요성입니다.

- 私たちが直面している最も大きな問題は、マーケティングのための持続的な投資にもかかわらず、効率はわずか13%に過ぎないという事実です。
  우리가 당면한 가장 큰 문제는 마케팅에 대한 지속적인 투자에도 불구하고, 효율성은 단지 13%에 불과하다는 사실입니다.

直面(ちょくめん)している
＝当面(とうめん)している
당면한

Pattern 98. ~의 이유 / 원인은 ~입니다  Track 98

- この問題の原因は、複雑な流通構造です。
  이 문제의 원인은 복잡한 유통 구조입니다.

- その問題の主な原因は、この数カ月間、不良率が高くなったからです。
  그 문제의 주된 원인은 최근 몇 달 동안 불량률이 높아졌기 때문입니다.

主(おも)な要因(よういん)は~
주된 원인은

- 主な原因は、労働者がいつも給料の高い職を探し回ることです。
  주된 원인은 근로자들이 늘 보수가 더 나은 일자리를 찾아다니는 것입니다.

- その理由は、我々の製品の市場占有率が、3四半期連続して徐々に減少したからです。
  그 이유는 우리 제품의 시장 점유율이 3분기 연속해서 서서히 감소하였기 때문입니다.

- 販売が低調な理由は、ここ数年間、広告の予算があまりにも少なかったからです。
  판매가 저조한 이유는 최근 몇 년간 광고 예산이 너무 적었기 때문입니다.

- 毛皮のコートの販売が急激に減少した理由は、多くの人たちが毛皮農場で動物たちを残酷に殺す動画を見たからです。
  모피 코트 판매가 급격히 감소한 이유는 많은 사람들이 모피 농장에서 동물들을 잔인하게 죽이는 동영상을 보았기 때문입니다.

Pattern 99. 대안 / 해결책은 ~하는 것입니다  Track 99

- 解決策は製造原価を減らすことです。
  해결책은 제조 원가를 줄이는 것입니다.

- 唯一の解決策は、人員を削減することです。
  유일한 해결책은 인원을 감축하는 것입니다.

- 最もよい解決策は、貴社が破産申請をこれ以上遅らせないことです。
  가장 좋은 해결책은 귀사가 파산 신청을 더 이상 지체하지 않는 것입니다.

- 代案はこの地域でマーケティング活動に力を入れることです。
  대안은 이 지역에서 마케팅 활동에 주력하는 것입니다.

JAPANESE PRESENTATION 125

- 代案の一つは、販売を増加させるため、広報キャンペーンをもっと繰り広げなければならないということです。
  대안 중 하나는 판매를 증가시키기 위해 홍보 캠페인을 더 많이 벌여야 한다는 것입니다.

- このような事故を予防するための効果的な代案は、初期警告システムと無人統制システムを導入することです。
  이러한 사고를 예방하기 위한 효과적인 대안은 초기 경고 시스템과 무인 통제 시스템을 도입하는 것입니다.

- 唯一の解決策は、工場の機械をより効率的に稼動させることです。
  유일한 해결책은 공장의 기계를 보다 효율적으로 가동시키는 것입니다.

Pattern 100. ~으로 우리는 더욱 ~하게 될 것입니다

 Track 100

▶ もっとは 회화체, さらには 격식을 차린 말이다.

- オンライン・マーケティングシステムにより、少ない費用でより多くの収益が得られるでしょう。
  온라인 마케팅 시스템으로 적은 비용으로 더 많은 수익을 거두게 될 것입니다.

- 顧客満足を改善することで、わが社は、さらに高い名声と収益を得られるようになるでしょう。
  고객 만족을 개선하는 것으로 우리 회사는 더 나은 명성과 수익을 얻게 될 것입니다.

- この新しいシステムによって、私たちは品質を落とさず、費用を削減することになるでしょう。
  이 새로운 시스템으로 우리는 품질을 떨어뜨리지 않고 비용을 절감하게 될 것입니다.

- 部署間で互いに協力をするようになれば、成果を上げる可能性がさらに高くなるでしょう。
  부서들 간에 서로 협력을 하게 되면 성과를 올릴 가능성이 더욱 많아질 것입니다.

Words & Expressions

▶ 毛皮(けがわ) 모피   ▶ 品質(ひんしつ)を落(お)とさず 품질을 떨어뜨리지 않다
▶ 費用(ひよう)を削減(さくげん)する 비용을 절감하다

Pattern Review

지금까지 앞에서 살펴 본 일본어 프레젠테이션 핵심 패턴을 확인해 보세요.

1. 우리가 당면한 문제는 '어떻게 하면 부채를 줄이느냐'입니다.

2. 우리가 당면한 문제는 판매량이 아니라 재고량입니다.

3. 이 문제의 원인은 복잡한 유통 구조입니다.

4. 판매가 저조한 이유는 최근 몇 년간 광고 예산이 너무 적었기 때문입니다.

5. 해결책은 제조 원가를 줄이는 것입니다.

6. 온라인 마케팅 시스템으로 적은 비용으로 더 많은 수익을 거두게 될 것입니다.

Answers
1. 我々が直面している問題は、どうすれば負債を減らせるかです。
2. 我々が直面している問題は、販売量ではなく、在庫量です。
3. この問題の原因は、複雑な流通構造です。
4. 販売が低調な理由は、ここ数年間、広告の予算があまりにも少なかったからです。
5. 解決策は製造原価を減らすことです。
6. オンライン・マーケティングシステムにより、少ない費用でより多くの収益が得られるでしょう。

Chapter 26

프레젠테이션의 가치를 제시할 때
청중의 이익 강조하기

자신의 프레젠테이션이 청중에게 왜 중요한지를 구체적으로 설명하여 청중에게 미칠 잠재적인 가치, 청중이 얻게 될 이익이 무엇이 될 지를 제시할 경우 청중의 흥미와 참여도는 훨씬 높아질 수 있습니다. 따라서 자신의 발표 내용과 정보가 청중에게 매우 가치가 있으며 유익하다는 점을 인식시키는 것이 좋겠죠.

JAPANESE PRESENTATION

Pattern 101. 지금 여러분에게 필요한 것은 ~입니다

 Track 101

むしろ
오히려

- 今皆様に必要なのは、車両位置確認システムだけでなく、むしろ盗難防止装置です。
  지금 여러분에게 필요한 것은 차량 위치 확인 시스템뿐만 아니라 오히려 도난 방지 장치입니다.

- 今皆様に必要なことは、職員たちに刺激になるような代案を見つけることです。
  지금 여러분에게 필요한 것은 직원들을 자극시킬 만한 대안을 찾는 것입니다.

- 今皆様に必要なものは、はるかに多くの顧客と投資者たちを引き入れることです。
  지금 여러분에게 필요한 것은 훨씬 더 많은 고객과 투자자들을 끌어들이는 것입니다.

- 今皆様に一番必要なのは、閉鎖回路TVを設置し、巡回警備員数を増やすことです。
  지금 여러분에게 가장 필요한 것은 폐쇄 회로 TV를 설치하고 순찰 경비원을 늘리는 것입니다.

- 皆様に一番必要なのは、各四半期ごとに全職員を再教育することです。
  여러분들에게 가장 필요한 것은 매 분기마다 전 직원을 재교육시키는 것입니다.

- 皆様に一番必要なのは、来年の成長目標を達成するための戦略的な方法を模索することです。
  여러분들에게 가장 필요한 것은 내년 성장 목표에 도달할 전략적인 방법을 모색하는 것입니다.

- 皆様に一番必要なのは、広告キャンペーンを行うことより製品の品質を向上させることです。
  여러분들에게 가장 필요한 것은 광고 캠페인을 벌이기보다는 제품의 품질을 향상시키는 것입니다.

Pattern 102. 이 프레젠테이션은 ~에 대한 가치 있는 정보를 제공합니다

프레젠테이션의 중요성을 강조하여 청중의 흥미 유도

- このプレゼンテーションは、ファッション産業の新しいトレンドについての価値ある情報を提供します。
  이 프레젠테이션은 패션 산업의 새로운 트렌드에 대한 가치 있는 정보를 제공합니다.

- このプレゼンテーションは、生産時間を短縮するための効果的な方法について価値ある情報を提供します。
  이 프레젠테이션은 생산 시간을 단축하기 위한 효과적인 방법에 대한 가치 있는 정보를 제공합니다.

- このプレゼンテーションは、最近変わった消費性向のための貴重な情報を提供します。
  이 프레젠테이션은 최근에 달라진 소비 성향을 위한 귀중한 정보를 제공합니다.

Pattern 103. 이 프레젠테이션은 ~에게 유익 / 유용합니다

- このプレゼンテーションは、中国で投資機会を探してる方々に有用です。
  이 프레젠테이션은 중국에서 투자 기회를 찾는 분들에게 유용합니다.

- このプレゼンテーションは、債務なしに事業を運営しようと希望する方々に有益です。
  이 프레젠테이션은 채무 없이 사업을 운영하기를 원하는 분들에게 유익합니다.

- このプレゼンテーションは、18歳未満の子供たちや、十代の子供をもつ親に役に立ちます。
  이 프레젠테이션은 18세 미만의 아이들과 십대를 둔 부모님들께 도움이 됩니다.

~必見(ひっけん)です
~꼭 봐야합니다

- このプレゼンテーションは、在庫商品の処分に苦心する方々に必見です。
  이 프레젠테이션은 재고 상품 처분을 고심하는 분들께서 꼭 봐야합니다.

Pattern 104. 이 프레젠테이션은 ~하도록 도와드릴 것입니다  Track 104

- このプレゼンテーションは、貴社が組織を再整備するようお手伝いします。
  이 프레젠테이션은 귀사가 조직을 재정비하도록 도와드릴 겁니다.

- このプレゼンテーションは、新設部署の機能と役割を皆さんが理解できるようにお手伝いします。
  이 프레젠테이션은 신설 부서의 기능과 역할을 여러분이 이해할 수 있도록 도와드릴 것입니다.

- このプレゼンテーションは、なぜ会社が来年の予算を減らさなければならないのか、その理由を皆さんが理解できるようにお手伝いします。
  이 프레젠테이션은 왜 회사가 내년 예산을 줄여야 하는 지 그 이유를 여러분이 이해할 수 있도록 도와드릴 것입니다.

- このプレゼンテーションは、皆さんが新商品を購買するかどうかを決めるのに役立つでしょう。
  이 프레젠테이션은 여러분이 저희 신상품 구매 여부를 결정하는데 도움이 될 것입니다.

Pattern 105. 여러분은 ~에 관한 정보를 얻으실 겁니다  Track 105

- 皆様は海外就業に関する情報を得ることと思います。
  여러분들은 해외 취업에 관한 정보를 얻으실 겁니다.

- 皆様は半導体産業の分野で、ニッチ市場に関する情報を得ることと思います。
  여러분은 반도체 산업 분야에서 틈새시장에 대한 정보를 얻으실 겁니다.

- 皆様は、収益性が良い新規事業に関する情報を得ることでしょう。
  여러분들은 수익성이 좋은 신규 사업에 관한 정보를 얻으실 겁니다.

Words & Expressions

▶ 車両位置確認(しゃりょういちかくにん)システム 차량 위치 확인 시스템
▶ 盗難防止装置(とうなんぼうしそうち) 도난 방지 장치
▶ 閉鎖回路(へいさかいろ)TVを設置(せっち)する 폐쇄 회로 TV를 설치하다

Pattern Review

지금까지 앞에서 살펴 본 일본어 프레젠테이션 핵심 패턴을 확인해 보세요.

1. 이 프레젠테이션은 최근에 달라진 소비 성향을 위한 귀중한 정보를 제공합니다.

2. 이 프레젠테이션은 패션 산업의 새로운 트렌드에 대한 가치 있는 정보를 제공합니다.

3. 이 프레젠테이션은 채무 없이 사업을 운영하기를 원하는 분들에게 유익합니다.

4. 지금 여러분에게 필요한 것은 훨씬 더 많은 고객과 투자자들을 끌어들이는 것입니다.

5. 여러분들에게 가장 필요한 것은 광고 캠페인을 벌이기보다는 제품의 품질을 향상시키는 것입니다.

6. 이 프레젠테이션은 귀사가 조직을 재정비하도록 도와드릴 겁니다.

Answers
1. このプレゼンテーションは、最近変わった消費性向のための貴重な情報を提供します。
2. このプレゼンテーションは、ファッション産業の新しいトレンドについての価値ある情報を提供します。
3. このプレゼンテーションは、債務なしに事業を運営しようと希望する方々に有益です。
4. 今皆様に必要なものは、はるかに多くの顧客と投資者たちを引き入れることです。
5. 皆様に一番必要なのは、広告キャンペーンを行うことより製品の品質を向上させることです。
6. このプレゼンテーションは、貴社が組織を再整備するようお手伝いします。

プレゼンテーションの 가치를 제시할 때 청중의 이익 강조하기

Chapter 27

프레젠테이션을 마무리할 때 결론 강조하기

이제 프레젠테이션을 마무리할 차례입니다. 앞에서 발표한 메시지를 결론에서 다시 한 번 요약 정리하면서 청중에게 핵심 내용을 강조해야 하는데요. 결론 부분에서 프레젠테이션의 요지를 간결하게 정리하여 반복 강조하게 되면, 청중의 이해를 도와주는 역할을 하면서 동시에 청중이 프레젠테이션의 메시지를 더 오래 기억하도록 상기시킬 수가 있겠죠.

JAPANESE PRESENTATION

Pattern 106. 마치기 전에 ~하고자 합니다
 Track 106

- 話を終える前に、3つの事項を強調したいと思います。
  이야기를 마치기 전에 세 가지 주요 사항을 강조하고자 합니다.

- 本プレゼンテーションを終える前に、必ず記憶すべき主要事項について簡単に目を通します。
  본 프레젠테이션을 마치기 전에, 꼭 기억해야 할 주요 사항들에 대해 간략히 훑어보겠습니다.

- 最後に、私が申し上げた重要な事項を要約致します。
  마지막으로 제가 말씀드렸던 중요한 사항을 요약해드리겠습니다.

話を終(お)える前に~
이야기를 마치기 전에~

Pattern 107. ~을 요약하겠습니다
 Track 107

- もう一度、主要事項を要約します。
  다시 한 번 주요사항을 요약하겠습니다.

- 今までお話ししたことを要約します。
  지금까지 말씀드린 것을 요약하겠습니다.

- 私の主張を要約します。
  제 주장을 요약하겠습니다.

- では、留意すべき5つの主要な課題について要約します。
  이제 명심해야 할 5가지 주요 과제에 대해서 요약하도록 하겠습니다.

- では、来年の事業目標を要約することにします。
  이제 내년의 사업 목표를 요약하도록 하겠습니다.

もう一度(いちど)
다시 한 번

Pattern 108. 요약하면 ~해야 합니다

 Track 108

要約(ようやく)すれば
＝要約すると
요약하자면

▶ 둘 다 가정형으로 표현하고 있다. 하지만 같은 가정형이라도 要約したら는 회화체라서 프레젠테이션과 같은 격식을 차린 곳에서는 어울리지 않으므로 주의해야 한다.

- 要約すれば、私たちは人件費を削減することに力を入れなければなりません。
  요약하자면, 우리는 인건비를 삭감하는 데 주력해야 합니다.

- 要約すれば、私たちは顧客を引き付けるために肯定的なブランドイメージを作り上げなければなりません。
  요약하자면, 우리는 고객들을 끌어들이기 위해서 긍정적인 브랜드 이미지를 구축해야 합니다.

- 要約すると、一部の公務員たちに蔓延したモラルハザード問題を必ず解決しなければなりません。
  요약하자면, 일부 공무원들에게 만연한 도덕적 해이 문제를 반드시 해결해야 합니다.

- 私の話をまとめれば、卸売業と小売業分野で、更なる成長が必要だということです。
  제 이야기를 정리하자면, 도매업과 소매업 분야에서 더 많은 성장이 필요하다는 것입니다.

Pattern 109. 결론적으로 ~입니다

 Track 109

- 結論として、私たちはチームをより効果的に管理することに力を注がなければなりません。
  결론적으로 우리는 팀을 보다 효과적으로 관리하는 일에 주력해야 합니다.

- 結論として、私は私たちの雇用慣行を調整するしかないと思います。
  결론적으로 저는 우리의 고용 관행을 조정할 수밖에 없다고 생각합니다.

- 結論として、無料サンプルを配れば、実際の注文につながる可能性があると確信します。
  결론적으로 무료 샘플을 나눠 주면 실제 주문으로 이어질 가능성이 있다고 확신합니다.

- 結論を下すとすれば、私はこれが難関を克服する最善の方法だと申し上げたいです。
  결론 내리자면, 저는 이것이 난관을 극복하는 최선의 방법이라고 말하고 싶습니다.

Pattern 110. ~해야 한다는 점을 강조하고 끝마치고자 합니다

- 私たちが、中核事業に再び力を注ぐべきだという点を強調し、終わりたいと思います。
  우리가 핵심 사업에 다시 주력해야 한다는 점을 강조하고 끝마치려고 합니다.

- 来年の販売目標に到達するためには、女性たちの消費習慣を研究しなければならないという点を強調し、終わりにしたいと思います。
  내년의 판매 목표에 도달하기 위해서는 여성들의 소비 습관을 연구해야 한다는 점을 권고하면서 끝마치고자 합니다.

- どのような事故が起っても、特に現場での事故時には迅速な措置を取らなければならないという点を強調し、終わりに致します。
  어떠한 사고가 나든, 특히 현장 사고 시에는 즉각적인 조치를 취해야 한다는 점을 강조하면서 끝마치겠습니다.

- 攻撃的なマーケティングキャンペーンにもっと力を注ぐべきだという点を指摘し、私の話を終わらせていただきます。
  공격적인 마케팅 캠페인에 좀 더 주력해야 한다는 점을 지적하고 저의 이야기를 끝마치고자 합니다.

Pattern 111. 이것으로 프레젠테이션을 마치겠습니다

- これで今日の私のプレゼンテーションを終わりたいと思います。
  이것으로 오늘의 제 프레젠테이션을 마치겠습니다.

- 以上で私のプレゼンテーションを終わらせていただきます。
  이상으로 제 프레젠테이션을 마치겠습니다.

- では、これでプレゼンテーションを終わりにいたします。
  이제 프레젠테이션을 마치겠습니다.

- これが、今日、私がお話ししようと思ったことのすべてです。
  이것이 오늘 제가 말씀드리고자 생각한 것의 모두입니다.

Words & Expressions
- 留意(りゅうい) 유의
- 蔓延(まんえん) 만연
- 力(ちから)を注(そそ)ぐ 힘을 쏟다
- 結論(けつろん)を下(くだ)す 결론을 내리다, 결론을 짓다

Pattern Review

프레젠테이션을 마무리할 때 결론 강조하기

지금까지 앞에서 살펴 본 일본어 프레젠테이션 핵심 패턴을 확인해 보세요.

1. 이야기를 마치기 전에 세 가지 주요 사항을 강조하고자 합니다.

2. 지금까지 말씀드린 것을 요약하겠습니다.

3. 요약하자면, 우리는 인건비를 삭감하는 데 주력해야 합니다.

4. 결론적으로 우리는 팀을 보다 효과적으로 관리하는 일에 주력해야 합니다.

5. 우리가 핵심 사업에 다시 주력해야 한다는 점을 강조하고 끝마치려고 합니다.

6. 이것으로 오늘의 제 프레젠테이션을 마치려고 합니다.

Answers
1. 話を終える前に、3つの事項を強調したいと思います。
2. 今までお話ししたことを要約します。
3. 要約すれば、私たちは人件費を削減することに力を入れなければなりません。
4. 結論として、私たちはチームをより効果的に管理することに力を注がなければなりません。
5. 私たちが、中核事業に再び力を注ぐべきだという点を強調し、終わりたいと思います。
6. これで今日の私のプレゼンテーションを終わりたいと思います。

Chapter 28

질의 응답할 때 클로징 인사하기

본론을 모두 마무리하고 프레젠테이션의 핵심적인 내용을 요약함으로써 자신의 주안점까지 모두 반복 강조하였으면 이제 마지막으로 청중과의 질의응답 시간을 가질 차례입니다. 지금까지 자신의 발표를 경청해 준 청중의 질문에 대해 예의를 갖추어 성의 있게 답변을 하는 것이 중요하겠죠. 청중의 까다로운 질문에도 유연하게 대처하여 성의 있게 답변하는 자세는 마지막까지 청중에게 긍정적인 인상을 심어 줍니다.

JAPANESE PRESENTATION

Pattern 112. ~이 있으시면 ~해 주세요

 Track 112

모든 본론을 마무리하고 청중의 질문을 유도할 때

- 質問があれば遠慮なくしてください。
  질문이 있으면 주저하지 말고 해 주세요.

- 意見があればおっしゃってください。
  의견이 있으면 말씀해 주세요.

- 疑問事項がありましたら、気楽におっしゃってください。
  의문 사항이 있으시면 편하게 말씀해 주세요.

- 理解できない部分がありましたら、躊躇しないで質問してください。
  이해되지 않는 부분이 있으시면 주저하지 마시고 질문해 주세요.

- 理解できない部分がありましたら、ご質問ください。
  이해되지 않는 부분이 있으시면 질문 주세요.

- 提案がございましたら、ご遠慮なくおっしゃってください。
  제안이 있으시면 주저하지 마시고 말씀해 주세요.

Pattern 113. 기꺼이 ~하겠습니다

 Track 113

喜(よろこ)んで 기꺼이

- どんなご質問でも喜んでお答え致します。
  어떤 질문이든 기꺼이 답변해 드리겠습니다.

- では、どんなご質問でも喜んでお受け致します。
  그럼 어떤 질문이라도 기꺼이 받도록 하겠습니다.

- では、どんな質問でも喜んでお受けします。
  그럼 어떤 질문이라도 기꺼이 받겠습니다.

Pattern 114. 질문이 있으십니까?

 Track 114

- ご質問などございますか?
  질문 있으십니까?

- どなたかご質問などございますか?
  누구 질문 있으십니까?

- 私が先ほど申し上げた内容につきまして、何か他にご質問などございますか?
  제가 방금 말씀드린 내용에 대해 무슨 다른 질문 있으십니까?

- 私が申し上げた事柄についてご質問などございませんか?
  제가 말씀드린 사항에 대해 질문 있으십니까?

Pattern 115. 유감스럽게도 / 죄송합니다만 ~입니다

 Track 115

- 残念ながら、それはお答えできません。
  유감스럽게도 그것은 답해 드릴 수가 없습니다.

- 残念ながら、私はその分野にはあまり経験がございません。しばらく後に、その分野の専門家をお呼びいたします。
  유감스럽게도 저는 그 분야에는 별로 경험이 없습니다. 잠시 후에 그 분야의 전문가를 모시겠습니다.

- 申し訳ございませんが、その部分は申し上げられません。
  죄송하지만 그 부분은 말씀드릴 수 없습니다.

- 申し訳ありませんが、私はその質問についてお話できる位置ではありません。
  죄송하지만 저는 그 질문에 대해 말씀드릴 수 있는 위치가 아닙니다.

- 申し訳ありませんが、質問について理解できませんでした。もう一度おっしゃっていただけますか。
  죄송하지만 질문을 이해하지 못했습니다. 다시 한 번 말씀해 주시겠어요?

Pattern 116. ~라는 말씀이신가요?  Track 116

- 3か月以内にTXプロジェクトを終えることが難しいというお話ですか。
  3개월 안에 TX 프로젝트를 끝내는 것이 불가능하다는 말씀이신가요?

- すべての部署が予算削減措置を施行しなければならないということですか。
  모든 부서가 예산 절감 조치를 시행해야 한다는 말씀이신가요?

- 費用の分析についてのご質問ですか?
  비용 분석에 대해 질문하시는 것입니까?

Pattern 117. 답변이 되었습니까?  Track 117

- これでお答えになっているでしょうか?
  이것으로 답변이 되었습니까?

- 質問の答えになりましたか。
  질문의 답이 되었습니까?

- この説明で大丈夫でしょうか?
  이 설명으로 괜찮으십니까?

Pattern 118. 더 이상 질문이 없으시면  Track 118

- これ以上ご質問がなければ、これでプレゼンテーションを終りたいと思います。
  더 이상 질문이 없으시면, 이만 제 프레젠테이션을 마치려고 합니다.

これをもって=これで…
이것으로
▶ これでは 회화체, これをもっては 격식을 차린 말이다.

- これ以上ご質問がなければ、これをもって終了いたします。
  더 이상 질문이 없으시면, 여기에서 마치겠습니다.

- 他のご質問がなければ、これで終わります。
  다른 질문이 없으시면, 여기에서 마치겠습니다.

Words & Expressions

▶ 施行(しこう)する 시행하다　▶ 分析(ぶんせき)する 분석하다　▶ 終了(しゅうりょう)する 종료하다

Pattern Review

JAPANESE PRESENTATION

지금까지 앞에서 살펴 본 일본어 프레젠테이션 핵심 패턴을 확인해 보세요.

1. 질문이 있으면 주저하지 말고 해 주세요.

2. 그럼 어떤 질문이라도 기꺼이 받겠습니다.

3. 질문 있으십니까?

4. 유감스럽게도 그것은 답해 드릴 수가 없습니다.

5. 죄송하지만 그 부분은 말씀드릴 수 없습니다.

6. 더 이상 질문이 없으시면, 이만 제 프레젠테이션을 마치려고 합니다.

Answers
1. 質問があれば遠慮なくしてください。
2. では、どんな質問でも喜んでお受けします。
3. ご質問などございますか？
4. 残念ながら、それはお答えできません。
5. 申し訳ございませんが、その部分は申し上げられません。
6. これ以上ご質問がなければ、これでプレゼンテーションを終りたいと思います。

Part 3는 일본어 프레젠테이션을 위한 세 번째 단계로, 프레젠테이션에 정통한 Steve Jobs의 가장 대표적인 프레젠테이션으로 알려진 2007 iPhone Keynote Address를 분석하면서 일본어 프레젠테이션의 주요 샘플 표현을 찾아 이를 패턴으로 연습해보고, 나아가 성공적인 일본어 프레젠테이션의 기술과 기법을 알아보기로 한다.

Part 3
스티브 잡스 프레젠테이션 따라잡기
2007 iPhone Keynote Address at Macworld

JAPANESE PRESENTATION

Steve Jobs 2007 iPhone Keynote Address at MacWorld

 **프레젠테이션 도입부분**

맥월드 컨퍼런스에 참가한 청중에게 감사의 말과 환영 인사하기

Steve Jobs Presentation 기법
(이하 SJP 기법으로 약칭함)

역사를 함께 만들어가는 Steve Jobs 특유의 첫 오프닝 멘트로 청중의 기대감과 참여를 유도한다.

OS X
- OS Ten으로 부르는 애플 매킨토시 운영체제

▶ ありがとうございます。ご参席くださいましてありがとうございます。今日、私たちは共に新たな歴史を作ることになるでしょう。マックワールドに来られた皆様を歓迎致します。ちょうど1年前、私はこの席に立ち、私たちがインテルプロセッサーに変える計画だと申し上げました。非常に重大な心臓移植手術とも言えるインテルプロセッサーにです。そして、これは今後12ヵ月かかるだろうとも申し上げました。しかし私たちはこれを7ヶ月で終えることができました。これはコンピューター産業上、最も順調に、そして最も成功裏に進められた作業でした。それが可能だったのは、私たちがインテルプロセッサーを非常にスムーズに進められる運営体制のOS Xバージョンで作ったからです。

감사합니다. 참석해 주셔서 감사합니다. 오늘 우리는 역사를 함께 만들 것입니다. 맥월드에 오신 걸 환영합니다. 바로 1년 전에 저는 이 자리에 서서 저희가 인텔 프로세서로 바꿀 것이라고 말씀드렸습니다. 어마어마한 심장 이식 수술이라고도 할 수 있는 인텔 프로세서로 말입니다. 그리고 이는 향후 12개월이 걸릴 것이라고도 말씀드렸습니다. 그러나 저희는 이를 7개월 만에 마쳤습니다. 이는 컴퓨터 산업사상 가장 순조롭고도 성공적으로 진행된 작업이었습니다. 이것이 가능해진 것은 저희가 인텔 프로세서를 아주 매끄럽게 진행되는 운영체제인 OS X 버전으로 만들었기 때문입니다.

Words & Expressions

- 心臓移植手術(しんぞういしょくしゅじゅつ) 심장 이식 수술 ▶ ～とも言(い)える 라고 말할 수 있는
- 成功裏(せいこうり) 성공리 ▶ 運営体制(うんえいたいせい) 운영체제

바로 1년 전에 저는 ~이라고 말씀드렸습니다.

- **ちょうど1年前**、私はこのばに立ち、私たちがインテルプロセッサーに変える計画**だと申し上げました**。
  바로 1년 전에 저는 이 자리에 서서 저희가 인텔 프로세서로 바꿀 것이라고 말씀드렸습니다.

- **つい先月**、私はその販売部が別の部署に変わった**という事実を知りました**。
  바로 지난달에 저는 그 판매부가 다른 부서로 바뀌었다는 사실을 알게 되었습니다.

- この地域の販売を担当している人が、**まさにこのマイケル・ターナーです**。
  이 지역의 판매를 담당하고 있는 사람이 바로 마이클 터너입니다.

ちょうど一年前、~
바로 1년 전에~
▶ 우리말 '1년 전에' '지난달에'는 일본어로 一年前, 先月로 조사에 없이 말한다.

~だと申し上げる
~라고 말씀드리다
▶ 言いました의 겸양어로 비즈니스에서 자주 사용하는 표현이다.

▶ 강조하고자 하는 말이 사람일 경우에는 まさに~です(바로 ~입니다)를 쓴다.

 이것은 ~사상, 가장 ~한 것이었습니다.

- **これは**コンピューター産業**上**、**最も**順調に、そして最も成功裏に進められで成功裏に進められ**た作業でした**。
  이는 컴퓨터 산업사상 가장 순조롭고도 가장 성공적으로 진행된 작업이었습니다.

- **インドは**私が訪問してきた国の中で**最も魅力的な国の一つでした**。
  인도는 내가 방문해 온 나라 중에 가장 매력적인 나라의 하나였습니다.

- **これは**今まで私が参席したプレゼンテーションの中で**一番すばらしいプレゼンテーションでした**。
  이것은 지금까지 제가 참석한 프레젠테이션 중 가장 훌륭한 프레젠테이션이었습니다.

最も~でした
가장 ~이었습니다
▶ 最もは 최상급을 표현하는 말로 一番(가장), 何よりも(무엇보다도)를 의미한다.

Steve Jobs 2007 iPhone Keynote Address at MacWorld

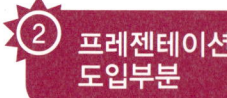 프레젠테이션 도입부분

로제타 소프트웨어 의 신속한 개발에 도움을 준 동료와 협조자들 그리고 제품 사용자들에게 감사 인사하기

SJP 기법

프레젠테이션 초반에 동료와 협조자를 칭찬하여 청중으로부터 긍정적인 호감을 얻어낸다.

PowerPC
– 파워 PC (미국 IBM, Motorola, Apple Computer가 제휴해 개발한 마이크로 프로세서)

▶ 私のチームはロゼッタソフトウェアを作り、皆様のパワーPCアプリケーションプログラムをインテルプロセッサーの新しいバージョンであるOS Xで実行できるようにしました。私のハードウェアチームはインテルプロセッサーを取り付けた新しいマッキントッシュの開発に毎月拍車をかけ、たった7ヵ月でこの作業を終えたのです。しかし、私のチームだけでこの仕事をやり遂げたのではありません。そこには多くの人々の助けがありました。新しく仲間になったインテル社の社員たちが、本当にいろいろ力になってくれました。私のソフトウェア開発者もインテルプロセッサで本来の速度で駆動させるため、アプリケーションプログラムを統合バージョンに仕上げてくれました。本当にありがとうございます。そしてなによりも私どもの製品をご利用くださる方々に感謝申し上げます。皆様は光の速度のように速い私どものコンピューターを見るやいなや購入してくださいました。顧客の皆様に心より感謝申し上げたいと思います。

저희 팀은 로제타 소프트웨어를 만들어 여러분의 파워PC 애플리케이션 프로그램을 인텔 프로세서의 새로운 버전인 OS X으로 실행시킬 수 있게 했습니다. 저희 하드웨어 팀은 인텔 프로세서를 장착한 새로운 매킨토시 개발에 매달 박차를 가했으며, 7개월 만에 이 작업을 마쳤습니다. 하지만 저희 팀만으로 이 일을 해낸 것이 아닙니다. 많은 사람들의 도움이 있었습니다. 새로운 동료가 된 인텔사의 직원들이 정말로 많은 도움을 주셨습니다. 저희 소프트웨어 개발자들도 인텔 프로세서에서 제 속도로 구동시키기 위해 저희의 애플리케이션 프로그램을 통합 버전으로 만들어 주었습니다. 정말 고맙습니다. 그리고 무엇보다도 저희 제품 사용자 분들에게 감사드립니다. 여러분들은 빛의 속도처럼 빠른 저희 컴퓨터를 보자마자 바로 구입해 주셨습니다. 고객 여러분께 마음으로 감사하다는 말씀을 드리고 싶습니다.

 Words & Expressions

▶ 拍車(はくしゃ)をかける 박차를 가하다 ▶ 駆動(くどう)させる 구동시키다

저희는 ~을 만들어 ~할 수 있게 했습니다.

- **私のチーム**はロゼッタソフトウェア**を作り**、皆様のパワーPCアプリケーションプログラムをインテルプロセッサーの新しいバージョンであるOS Xで**実行できるようにしました**。
  저희 팀은 로제타 소프트웨어를 만들어 여러분의 파워PC 애플리케이션 프로그램을 인텔 프로세서의 새로운 버전인 OS X으로 실행시킬 수 있게 했습니다.

- **わが部署**は新たな情報システム**を構築して**、皆様がお客様の意見を効率的にフィードバック**できるようにしました**。
  저희 부서는 새로운 정보 시스템을 구축하여 여러분이 고객의 의견을 효율적으로 피드백할 수 있게 했습니다.

- **彼ら**は社内勤労者を全て加入**させる**労組**を結成した**。
  그들은 사내 근로자를 모두 가입하게 하는 노조를 결성했다.

~ようにする
~하도록 하다, ~하게 하다
▶ 의도적 행위, 노력에 중점을 둔 표현이다.

 여러분들은 ~하자마자 ~했습니다.

- **皆様**は光の速度のように速い私どものコンピューターを見る**やいなや**購入してくださいました。
  여러분들은 빛의 속도처럼 빠른 저희 컴퓨터를 보자마자 바로 구입해 주셨습니다.

- **私**は貿易会社に就職**するやいなや**、学資ローンの償還を始めた。
  내가 무역회사에 취직하자마자, 학자금 대출 상환을 시작했다.

- その会社と契約を締結**するやいなや**、その会社は破産した。
  그 회사와 계약을 체결하자마자, 그 회사는 파산했다.

동사원형+やいなや
~하자마자, ~와 동시에
▶ 하나의 동작에 이어 곧바로 다음 동작을 하는 모양을 나타낸다.

償還(しょうかん) 상환

Steve Jobs 2007 iPhone Keynote Address at MacWorld

 매킨토시 매출 성장 보고하기

윈도우 운영체제를 갖춘 매킨토시의 구매자를 스위쳐로 칭하면서 판매급상승을 반기고 있음.

SJP 기법

스위쳐 등의 신조어를 만들어 새로운 고객에게 특별한 의미를 부여한다.

▶ 多くの方々がご存知のように、アップルストアーはマッキントッシュの半分以上を過去に一度もマッキントッシュを使ったことのない人たちに販売しています。そう、スイッチャーたちです。このようにお話しすることができて本当に嬉しく思います。既にマッキントッシュは米国内のすべての流通チャンネルで販売されており、その半分以上はマッキントッシュを過去に一度も使ったたことのない人たちです。これはアップルストアーに限られたことではありません。半分以上のマッキントッシュが米国で販売されています。私たちは新しいマッキントッシュの家族をお迎えしています。これ以上嬉しいことはありません。

많은 분들이 아시다시피, 애플 스토어는 절반 이상의 매킨토시를 과거에 단 한 번도 매킨토시를 사용해 본 적이 없는 사람들에게 판매하고 있습니다. 바로 스위처들입니다. 이런 말씀을 드리게 되어 정말로 기쁘게 생각합니다. 이미 매킨토시는 미국 내 모든 유통 채널에서 판매되고 있으며, 절반 이상의 매킨토시가 과거에 단 한 번도 사용해 본 적이 없는 사람들에게 팔리고 있습니다. 이는 저희 애플 스토어에 국한된 것이 아닙니다. 절반 이상의 매킨토시가 미국에서 판매되고 있습니다. 저희는 새로 생긴 많은 매킨토시 가족을 계속 맞이하고 있습니다. 더 이상 기쁠 수가 없습니다.

 Words & Expressions

▶ ご存知(ぞんじ)のように 아시다시피 ▶ 迎(むか)える 맞이하다

매킨토시 매출 성장 보고하기

 ～할 수 있게 되어 정말 기쁘게 생각합니다.

- 過去に一度もマッキントッシュを使ったことがない人たちに販売しているということをお知らせできて本当に嬉しく思います。

  과거에 단 한 번도 매킨토시를 사용해 본 적이 없는 사람들에게 판매하고 있다는 점을 알려드리게 되어 정말 기쁘게 생각합니다.

- うちの会社が明日、株式市場に上場されることをお知らせできて本当に嬉しく思います。

  우리 회사가 내일 부로 주식시장에 상장될 것을 알려드리게 되어 정말 기쁘게 생각합니다.

- 全ての従業員がこの年末に特別手当を受け取ることができるようになったことをお伝えできて嬉しいです。

  모든 종업원들이 이번 연말에 특별수당을 받게 될 것을 전해 드리게 되어 기쁩니다.

～本当に嬉しく思います
～정말 기쁘게 생각합니다
▶ 本当에 외에도 とても나 大変을 넣어 강조할 수 있다.

 ～은 ～에 국한된 것은 아닙니다.

- それはもうこれ以上私たちの小売店に限られたことではありません。

  그것은 이제 더 이상 저희의 소매점에 국한된 것은 아닙니다.

- それらはその会社に限ったことではありません。

  그러한 것들은 그 회사에 국한된 것은 아닙니다.

- 景気不況は韓国に限ったことではありません。

  경기 불황은 한국에만 국한된 것은 아닙니다.

限る 제한하다
限られる 제한되다

～に限られたことではありません
～에 제한된 것은 아닙니다
▶ ～に限ったことではありません으로 바꿔 쓸 수 있다.

JAPANESE PRESENTATION **147**

Steve Jobs 2007 iPhone Keynote Address at MacWorld

 홍보 전략　　유명 인사의 말을 인용하여 자사 제품 홍보하기

SJP 기법

경쟁 컴퓨터 업계의 유명 인사의 말을 인용하여 객관적으로 애플 매킨토시의 우수성을 청중에게 알린다.

▶　実は、近いうちに私たちと供に仕事をするようになるかもしれない方がいます。MS社のジム・オールチンは最近、もし自分がMSに勤務していなければ、自分はマッキントッシュを買うつもりだと話したというのですが、その彼がもうすぐ退職するそうです。それで私はシアトルにあるアップルストアに彼が現れないか気をつけて見ているのですが、もし彼が来たらよくおもてなしするようにと言っておきました。
2007年はまさにマッキントッシュの年となるでしょう。しかし、この辺でこの話は止めにして、そろそろ別の話、今後数ヶ月のことについてお話しようと思います。マッキントッシュの驚くべき話は今日はこれくらいにして、別の話に移ることにしましょう。

사실은 아마 조만간 저희와 합류하게 될지도 모를 분이 있습니다. MS사의 짐 올친은 최근에 만약 자기가 MS에서 근무하지 않는다면, 자신은 매킨토시를 살 것이라고 말했다는데, 그가 곧 퇴직할 거라고 합니다. 그래서 저는 시애틀에 있는 애플 스토어에 그가 나타나는지 주시하고 있는데, 만약 그가 온다면 서비스를 아주 잘 해 주라고 했습니다.
2007은 엄청난 매킨토시의 해가 될 것입니다. 하지만 이쯤에서 그만 얘기하기로 하고, 이제 다른 얘기, 향후 몇 달 동안에 대해 얘기하고자 합니다. 매킨토시에 대한 놀라운 이야기는 오늘은 그만하고 이제 다른 이야기로 넘어가기로 하죠.

▶ 莫大(ばくだい) 막대

~은 최근에 ~을 말한 것으로 알려졌습니다.

- マイクロソフトのチム・オールチンは最近、もし自分がマイクロソフトで勤務していなければ、自分はマッキントッシュを買うつもりだと言ったと言われています。

  마이크로소프트의 짐 올친은 최근에 만약 자기가 마이크로소프트에서 근무하지 않는다면, 자신은 매킨토시를 살 것이라고 말한 것으로 알려졌습니다.

- 監督官が直ちに措置を取ると言ったと言われています。

  감독관이 즉시 조치를 취하겠다고 말한 것으로 알려졌습니다.

- 理事は彼の会社が下した決定に同意しないと雑誌に話したと言われています。

  이사는 그의 회사가 내린 결정에 동의하지 않는다는 것을 잡지에 말한 것으로 알려졌습니다.

~と言われている
~로 알려지다
▶ 수동태 형태로 쓰여 '주어가 ~을 말한 것으로 알려지다'라는 의미로 쓰였다.
~で知られている라고 쓰지 않도록 주의해야 한다.

 ~로 넘어가기로 하죠.

- 他の事項に移ることにしましょう。

  다른 사항으로 넘어가기로 하죠.

- 国内市場の主要流通網に移ることにしましょう。

  국내 시장의 주요 유통망으로 넘어가기로 하죠.

- では、次の主題に移ることにしましょう。

  이제 다음 주제로 넘어가기로 하죠.

~ことにする
~하기로 하다
▶ ~ことにする는 자신이 결정하여 ~을 하기로 정하는 것을 말한다. 만약 다른 사람의 결정에 따르게 된 경우에는 ~ことになる(~하기로 되다)를 쓴다.

Steve Jobs 2007 iPhone Keynote Address at MacWorld

 아이팟 현황 소개

애플의 MP3 플레이어인 아이팟, 아이팟 나노, 아이팟 셔플에 대한 최신 소식 전하기

SJP 기법

슬라이드 한 장에 하나의 핵심 메시지만 전달하여 가독성과 전달력을 높인다.

▶ 私がまず最初に申し上げたいことは、皆様に私どもの音楽事業に対する最新ニュースをお知らせすることです。ご存知のとおり、私どもには世界最高のミュージックプレイヤーであるアイポッドがあります。新しいモデルの黒いアイポッドナノもあります。そして驚くべき新たなアイシャッフルがあります。世界最高のMP3プレーヤーという以外にもアイポットは他を大きくリードしており、世界で最も人気のあるビデオ・プレーヤーにもなりました。アイポッド・ナノも世界で最も人気のあるMP3プレーヤーです。そして新たなシャッフルは世界最高の携帯用MP3プレーヤーです。さあ、私どもは今シーズンのバケーションに向けて最高の製品を取り揃えました。すべて性能を改善した新製品です。

제가 먼저 처음으로 말씀드리고자 하는 것은 여러분에게 저희의 음악 사업에 대한 최신 소식을 알려 드리는 것입니다. 아시다시피, 저희는 세계 최고의 뮤직 플레이어인 아이팟이 있습니다. 새 모델인 검정색 아이팟 나노도 있습니다. 그리고 놀라운 새로운 아이 셔플이 있습니다. 세계 최고의 MP3 플레이어라는 것 외에도 아이팟은 큰 차이로 앞서 가며 세계에서 가장 인기 있는 비디어 플레이어가 되었습니다. 아이팟 나노도 세계에서 가장 인기 있는 MP3 플레이어입니다. 그리고 새로운 셔플은 세계 최고의 휴대용 MP3 플레이어입니다. 자, 저희는 이번 휴가 시즌을 겨냥한 최고의 제품들을 갖추었습니다. 모두 성능을 개선한 신제품입니다.

 Words & Expressions

▶ 新(あら)た 새로움 ▶ 大差(たいさ) 큰 차 ▶ 取(と)り揃(そろ)える 모두 갖추다, 골고루 갖추다
▶ 改善(かいぜん)する 개선하다

제가 먼저 처음으로 말씀드리고자 하는 것은 ~입니다.

- 私がまず最初に申し上げたいことは、皆様に私どもの音楽事業に対する最新ニュースをお知らせすることです。

  제가 먼저 처음으로 말씀드리고자 하는 것은 여러분에게 저희의 음악 사업에 대한 최신 소식을 알려 드리는 것입니다.

- 私がまず最初に申し上げたいことは、オンラインで品物を購入すると多く無駄な時間を減すことができるということです。

  제가 먼저 처음으로 말씀드리고자 하는 것은 온라인으로 물건을 구입하면 불필요한 많은 시간을 덜어준다는 것입니다.

- 私がまず最初に申し上げたいことは、必要な場合は会社が構造調整をするのが当然だということです。

  제가 먼저 처음으로 말씀드리고자 하는 것은 필요한 경우 회사가 구조조정을 하는 것은 당연하다는 것입니다.

> まず最初(さいしょ)に申し上げたいことは ~です
> 먼저 처음으로 말씀드리고자 하는 것은 ~입니다

 ~은 세계 최고의 ~입니다.

- 新たなシャッフルは世界最高の携帯用MP3プレーヤーです。

  새로운 셔플은 세계 최고의 휴대용 MP3 플레이어입니다.

- アイポッドは世界最高のミュージックプレーヤーです。

  아이팟은 세계 최고의 뮤직 플레이어입니다.

- アイポッド・ナノは世界で最も人気のあるMP3プレーヤーです。

  아이팟 나노는 세계에서 가장 인기 있는 MP3 플레이어입니다.

> 人気(にんき)のある
> =人気がある
> 인기가 있는

Steve Jobs 2007 iPhone Keynote Address at MacWorld

 아이튠즈 성장률 — 아이튠즈 판매 실적 강조하기

SJP 기법

언론의 오보를 반박하는 객관적인 증거자료를 제시하면서 동시에 전달하고자 하는 메시지의 효과를 강화한다.

　　これからとても興味深いアイチューンズ（iTunes）について、いくつかお話ししたいと思います。第一に、私どもは歴史的な1ページを記録しました。アイチューンズで販売した歌が20億曲を越えました。これは驚くべきことです。最近アイチューンズの販売が急激に減少したという記事がありました。彼らがどんなデータを見てそう言っているのかは分かりませんが、こちらにはこちらのデータがあります。ご覧のように昨年アイチューンズ販売実績は本当に素晴らしいものでした。私たちは10億曲を販売するのにたった3年しかかりませんでした。10ヶ月後の2006年には20億曲を販売しました。6億曲を超える歌を販売して2006年に売上が2倍に増えました。私どもはこのようなアイチューンズの高い成長率と販売が20億曲を超えたことを大変嬉しく思っています。

이제 아주 흥미로운 아이튠즈에 대해 몇 가지를 얘기하겠습니다. 첫째, 저희는 역사적인 한 페이지를 기록했습니다. 아이튠즈로 판매한 노래가 20억 곡이 넘었습니다. 이것은 놀라운 일입니다. 최근에 아이튠즈 판매가 급격히 감소했다는 기사가 있었습니다. 그들이 어떤 데이터를 보고 말하는 건지 모르겠지만 여기 저희 데이터가 있습니다. 보시다시피 작년 아이튠즈 판매 실적은 정말로 대단했습니다. 저희가 10억 곡을 판매하는 데 겨우 3년밖에 걸리지 않았습니다. 10개월 후인 2006년에는 20억 곡을 판매했습니다. 6억 곡이 넘는 노래를 판매하여 2006년에 매출이 두 배로 늘어났습니다. 저희는 이러한 아이튠즈의 높은 성장률과 판매가 20억 곡이 넘는 다는 것을 대단히 기쁘게 생각합니다.

Words & Expressions

▶ 興味深(きょうみぶか)い 흥미롭다　　▶ ご覧(らん)のように 보시다시피　　▶ ～を越(こ)える ～을 넘다

~라는 기사가 있었습니다.

- 最近アイチューンズ（iTunes）の販売が激減したという記事がありました。
  최근에 아이튠즈 판매가 급격히 감소했다는 기사가 있었습니다.

- 中国のアップルの供給業者が、来月にアイフォン大量生産を始めるという記事がありました。
  중국의 애플 공급업체가 다음 달에 아이폰 대량 생산을 시작할 것이라는 기사가 있었습니다.

- アマゾンのスマートフォン。ファイアフォンがAT&Tを通じて独占販売されるという記事がありました。
  아마존의 스마트폰. 파이어폰이 AT&T를 통해 독점 판매될 것이라는 기사가 있었습니다.

~という~がありました
~라고 하는 ~가 있었습니다

~を通(つう)じて
~을 통해서

  저희가 ~하는 데에 3년밖에 안 걸렸습니다.

- 私たちは10億曲を販売するのにたった3年しかかかりませんでした。
  저희가 10억 곡을 판매하는 데에 3년밖에 걸리지 않았습니다.

- ソフトウェア開発者たちがそれを完成するのに7ヵ月しかかかりませんでした。
  소프트웨어 개발자들이 그것을 완성하는 데 7개월밖에 걸리지 않았습니다.

- 彼らがゴールデンゲートブリッジを建てるのに4年しかかかりませんでした。
  그들이 금문교를 짓는데 4년밖에 걸리지 않았습니다.

~するのに~しかかかりませんでした
~하는데 ~밖에 걸리지 않았습니다

Steve Jobs 2007 iPhone Keynote Address at MacWorld

 아이튠즈 미래 전망   음악 유통 채널로서의 아이튠즈의 부상과 향후 기대감 피력하기

SJP 기법

수치에 대한 정보를 제공할 때에는 해당하는 숫자만 시각적으로 간결하고 단순하게 제시하는데, 이는 전달하고자 하는 핵심메시지를 각인시키는 효과가 있다.

　　私たちは現在、1日に5百万曲以上の歌を販売しています。驚かないんですか？1日に5百万曲の歌を販売するなんて。これは毎日、毎時間、毎分、毎秒ごとに58曲が売れているという意味です。前にキーノートで私たちが米国で5番目に大きい音楽流通チャンネルだと申し上げました。現在、他の販売業者はCD形態で歌を販売していますが、私たちはオンライン上で販売しています。販売された音楽を**すべて合計すると**、私たちは5番目に大きい音楽流通チャンネルです。アイチューンズの成長により私どもが既にアマゾンをリードしたことお知らせできて嬉しいです。私たちはアマゾンよりもっと多くの音楽を販売しています。そして私たちは既に4位となりました。**皆様は**私たちの次のターゲットが誰になるか**分かるでしょう**。音楽事業に対する最新ニュースはここまでです。

저희는 현재 하루에 5백만 곡 이상의 노래를 판매하고 있습니다. 놀랍지 않으신가요? 하루에 5백만 곡의 노래를 판매하다니. 이는 매일 매시간 매분 매초에 58곡이 팔리고 있다는 뜻입니다. 지난번 키노트에서 저희가 미국에서 다섯 번째로 큰 음악 유통 채널이라고 말씀드렸습니다. 현재 다른 판매업자들은 CD 형태로 노래를 판매하고 있고, 저희는 온라인상에서 판매하고 있습니다. 판매된 음악을 모두 합산하면 저희는 다섯 번째로 큰 음악 유통 채널입니다. 아이튠즈의 성장으로 저희가 이제 아마존을 앞섰다는 점을 알려드리게 되어 기쁩니다. 저희는 아마존보다 더 많은 음악을 판매합니다. 그리고 저희가 이제 4위가 되었습니다. 여러분은 저희의 다음 타깃이 누가 될지를 알 수 있을 겁니다. 음악 사업에 대한 최신 소식은 여기까지입니다.

 Words & Expressions

▶ 流通(りゅうつう) 유통　▶ 既(すで)に 이미, 벌써

~을 합산하면 ~입니다.

- 販売された音楽をすべて合計すると、私達は5番目に大きい音楽流通チャンネルです。
  판매된 음악을 모두 합산하면 저희는 다섯 번째로 큰 음악 유통 채널입니다.

- 今年の販売量をすべて合計すると、わが社は業界3位の製造会社です。
  올해 판매량을 모두 합산하면 우리는 업계 3위의 제조회사입니다.

- 年間輸入車販売台数をすべて合計すると、年間自動車販売台数のほぼ10%を占めます。
  연간 수입 차 판매대수를 모두 합산하면 연간 총 자동차 판매 대수의 거의 10%를 차지합니다.

合計(ごうけい)すると
＝合(あ)わせると
합산하면

여러분은 ~를 알 수 있을 겁니다.

- 皆様は私たちの次のターゲットが誰になるか分かるでしょう。
  여러분은 저희의 다음 타깃이 누가 될지를 알 수 있을 겁니다.

- 皆様は我々の次の段階が何になるか分かるでしょう。
  여러분은 우리의 다음 단계가 무엇이 될지를 알 수 있을 겁니다.

- 皆さんはいつ私たちが売上目標に到達するか分かるでしょう。
  여러분은 언제 우리가 매출 목표에 도달할지를 알 수 있을 겁니다.

分かる 알다
知る 알다
▶ 分かる는 이해해서 아는 것을, 知る는 지식 등에 의해 아는 것을 말한다.

Steve Jobs 2007 iPhone Keynote Address at MacWorld

 아이튠즈 성과

아이튠즈 TV 콘텐츠와 영화 콘텐츠 판매 성과 제시하기

SJP 기법

すばらしい, 驚くべき 등의 감정을 표현하는 말을 사용하여 청중의 관심을 고조시킨다.

▶ これから皆様にTVプログラムについて申し上げたいと思います。アイチューンズにはすばらしいTVプログラムがあります。事実上、アイチューンズで購入できるTVプログラムが350種類を超えます。そして今までアイチューンズで5,000万のTVプログラムが売れたということをお知らせできてとても嬉しく思います。驚くべきことではないでしょうか？
では、映画の話に移りましょう。私たちがTVプログラムを販売し始めた時、私たちの先駆的なパートナーになったのがウォルトディズニー社でした。彼らは私たちと運命を共にしてTV番組販売の決定を下しました。それはとても効果がありました。そして私たちが音楽を販売することを決めた時、彼らは再び私たちと共に音楽を販売する先駆的なパートナーとなりました。それからとても嬉しいお知らせなのですが、私たちは映画を販売し始めて4ヵ月で130万件の映画をアイチューンズで販売しましたが、これは私たちの期待を大きく超えたものでした。

이제 여러분에게 TV 프로그램에 대해 말씀드리겠습니다. 아이튠즈에는 굉장한 TV 프로그램들이 있습니다. 사실상 아이튠즈에서 구매할 수 있는 TV 프로그램이 350개가 넘습니다. 그리고 지금까지 아이튠즈에서 5,000만 건의 TV 프로그램이 판매되었다는 것을 알려드리게 되어 아주 기쁩니다. 놀라운 일이 아니겠습니까?
이제 영화 얘기로 넘어가 보죠. 저희가 TV 프로그램을 판매하기 시작했을 때, 저희와 함께 한 선구적인 파트너는 월트 디즈니사였습니다. 그들은 저희와 운명을 같이하여 TV 프로그램 판매 결정을 내렸습니다. 그것은 정말로 효과가 있었습니다. 그리고 저희가 음악을 판매하기로 결정했을 때 그들은 다시 저희와 함께 음악을 판매하는 선구적인 파트너가 되었습니다. 그리고 정말로 기쁜 소식인데, 저희는 영화를 판매하기 시작한 지 4개월 만에 130만 건의 영화를 아이튠즈로 판매하였고, 이는 저희의 기대를 크게 초과한 것이었습니다.

 Words & Expressions

▶ 移(うつ)る 옮기다 　▶ 先駆的(せんくてき) 선구적

～일이 아니겠습니까?

- 驚くべきことではないでしょうか？
  놀라운 일이 아니겠습니까?

- 喜ぶべきことではないでしょうか？
  기쁜 일이 아니겠습니까?

～ことではないでしょうか？
～지 않습니까？
▶ 직역하면 '～한 일이 아닌가요?'로 すばらしい, 驚くべき, 喜ぶべき 등을 넣어 다양하게 말할 수 있다.

우리는 ～을 판매하였고, 이는 ～하였습니다.

- 私たちは映画を販売し始めて4ヵ月で130万本の映画をアイチューンズで売りましたが、これは私たちの期待を大きく超えたものでした。
  저희는 영화를 판매하기 시작한 지 4개월 만에 130만 건의 영화를 아이튠즈로 판매하였고, 이는 저희의 기대를 크게 초과한 것이었습니다.

- 私たちは全てオンラインで製品を販売しましたが、これは私たちの製品が最も人気があるということを示すものです。
  저희는 온라인으로 제품을 모두 다 판매하였는데, 이는 저희 제품이 가장 인기가 있다는 점을 나타냅니다.

- この本は100万部以上売れましたが、これは彼女の経歴を考えると驚くべき記録です。
  이 책은 100만 부 이상 팔렸는데, 이는 그녀의 경력을 고려하면 놀라운 기록입니다.

販売(はんばい)する
판매하다
販売される 판매되다
▶ 販売になる라는 표현은 사용하지 않으므로 주의한다.

Steve Jobs 2007 iPhone Keynote Address at MacWorld

 9 데이터 제시하기

애플 아이팟과 MS Zune의 시장 점유율 비교 및 아이팟의 성과 평가하기

SJP 기법

아이팟의 시장 점유율과 경쟁사 MS Zune의 시장 점유율을 비교 설명할 때 원그래프를 이용하는데, 이때 62%를 차지하는 파이와 불과 2%를 차지하는 파이가 대조를 이루어 큰 차이가 나는 두 회사의 성과를 시각적으로 보여주어 그 효과를 배가한다.

▶ すでに申し上げた通り、今度の休暇シーズンに向けて強力なミュージックプレイヤーの製品を備えました。私たちはいつも熾烈な競争をしています。**この競争はこの業界において自然なことでもあります。**前回の休暇シーズンにも新たなライバルが登場したのですが、それがまさにマイクロソフトの'Zune'でした。結果はどうだったのでしょうか。まだ12月の資料は確保できていません。来週かさ来週になれば分かるはずです。この話は忘れましょう。しかし、'Zune'が発売された11月の資料はあります。これは大きな成果を収めなければなりませんでした。しかし'Zune'の市場占有率は2%でした。2%の市場占有率に止まりました。アイポッドの市場占有率は62%でした。残りの競争企業が36%を占めています。もう一度申し上げますが、12月の資料はありません。シェアの面で12月はかなり上がりました。他のメーカーもどのぐらいだったかもうすぐ分かるでしょう。しかし、製品が発売された月に2%なんですよ。この状況を**いくら弁解しようとしても、弁解の余地がある**のでしょうか。

이미 말씀드렸다시피, 이번 휴가시즌을 겨냥하여 강력한 뮤직 플레이어 제품들을 구비했었습니다. 저희는 늘 치열한 경쟁을 합니다. 이런 경쟁은 이 업계의 자연스런 일부이기도 하죠. 지난 휴가시즌에도 새로운 경쟁자가 등장했는데, 그것이 바로 마이크로소프트의 'Zune'이었습니다. 그들은 어땠을까요? 아직 12월의 자료는 확보하지 못했습니다. 다음 주나 그 다음 주나 되어서야 나오기 때문입니다. 이건 잊기로 하죠. 하지만 'Zune'이 출시된 11월의 자료는 가지고 있습니다. 그들은 큰 성과를 거두었어야 했습니다. 하지만 그들의 시장 점유율은 2%였습니다. 2%의 시장 점유율에 그쳤습니다. 아이팟의 시장 점유율은 62%였습니다. 나머지 경쟁업체들이 36%를 차지했고요. 다시 한 번 말씀드리지만 12월의 자료는 없습니다. 점유율 면에서 12월에 상당히 올라갔습니다. 이제 다른 업체들도 어느 정도였는지 알게 될 것입니다. 하지만 제품이 출시된 달에 2%였습니다. 아무리 이 상황을 변명하려고 해도 변명의 여지가 있을까요?

 Words & Expressions

▶ 成果(せいか)を収(おさ)める 성과를 거두다 ▶ 競争企業(きょうそうきぎょう) 경쟁기업

～는 이 업계에 있어서 자연스러운 일이기도 하죠.

- **競争は**この**業界において自然なことでもあります**。
  경쟁은 이 업계에 있어서 자연스러운 일이기도 하죠.

- **海外ボランティアは**この**事業において自然なことでもあります**。
  해외 자원 봉사는 이 사업에 있어서 자연스런 일이기도 하죠.

- **慈善活動と寄付は**この**事業において自然なことでもあります**。
  자선 활동과 기부는 이 사업에 있어서 자연스러운 일이기도 하죠.

～において
～에 있어서
▶ 장소나 시대, 상황을 나타내는 명사를 받아, 어떤 일이 발생하거나 어떤 상태가 존재할 때의 배경을 나타낸다.

 아무리 ～하려고 한다 해도 ～을까요?

- この状況を**いくら**弁解**しようとしても**、弁解の余地がある**のでしょうか**。
  이 상황을 아무리 변명하려고 한다 해도 변명의 여지가 있을까요?

- **いくら**熱心に彼らを説得**しようとしても**、どんな違いがある**のでしょうか**。
  아무리 열심히 그들을 설득하려고 한다 해도 무슨 차이가 있을까요?

- **いくら**スケジュール調整を**しようとしても**、その問題を避けることができる**のでしょうか**。
  아무리 스케줄 조정을 잘 하려고 한다 해도 그 문제를 피할 수 있을까요?

いくら～ても
아무리 ～한다고 해도

余地(よち)がある
여지가 있다
余地がない 여지가 없다

Steve Jobs 2007 iPhone Keynote Address at MacWorld

애플 TV 소개하기

애플 TV를 이용하여 미디어 콘텐츠를 대형화면 TV로 접속하는 방법 설명하기

▶ これから9月に紹介された製品についてお話ししたいと思います。アップルTVは皆様の大型TVでメディアを楽しむことができる方法です。では、9月に公開したこの製品について話してみましょう。皆様は、ミュージックストアで、アイチューンズを使って映画、TVプログラム、音楽など多くのコンテンツを購入することができます。そしてこれをPCであれ、マッキントッシュであれ、皆様のパソコンでダウンロードすることができます。私はここでマッキントッシュを利用しようと思います。もちろん他の場所で得たコンテンツを皆様のコンピューターに保存することもできます。これらのコンテンツを皆様のアイポッドに保存することもできます。そうでしょう?皆さんはワイドスクリーンTVを購入し、アップルTVをここに接続し、皆様のPCにあるこのコンテンツをアップルTVで無線で転送してこれを大型画面TVで見ることができるのです。とても簡単です。そうでしょう?とても簡単でしょう?

지금부터 9월에 소개된 제품에 대해 말씀드리려고 합니다. 애플 TV는 여러분의 대형 TV로 미디어를 즐길 수 있는 방법입니다. 그럼, 9월에 공개했던 이 제품에 대해서 얘기를 해 보죠. 여러분은 뮤직 스토어에서 아이튠즈로 영화, TV프로그램, 음악 등 많은 컨텐츠를 구입하실 수 있습니다. 그리고 이것을 PC로든 매킨토시로든 여러분의 컴퓨터로 다운로드할 수 있습니다. 저는 여기에서 매킨토시를 이용하려고 합니다. 물론 다른 곳에서 얻은 컨텐츠를 여러분의 컴퓨터에 저장할 수도 있습니다. 이러한 컨텐츠를 여러분의 아이팟에 저장할 수도 있고요. 그렇죠? 여러분은 와이드스크린 TV를 구입하고 애플 TV를 여기에 접속시켜 여러분의 PC에 있는 이 컨텐츠를 애플 TV로 무선으로 전송하여 이를 대형 화면 TV로 볼 수 있는 것입니다. 아주 간단합니다. 그렇죠? 매우 간단하죠?

Words & Expressions

▶ 転送(てんそう)する 전송하다   ▶ 大型画面(おおがたがめん) 대형 화면

지금부터 ~에 대해 말씀드리겠습니다.

- これから9月に紹介された製品についてお話ししたいと思います。
  지금부터 9월에 소개된 제품에 대해 말씀드리려고 합니다.

- より良い成果のためのチーム構成及び動機付けについてお話しします。
  보다 나은 성과를 위한 팀 구성 및 동기 부여에 대해서 말씀드리겠습니다.

- 生産単価を減らす方法についてお話ししたいと思います。
  생산 단가를 줄일 방법에 대해서 말씀드리고 싶습니다.

~についてお話ししたいと思います
~에 대해 말씀드리려고 합니다
▶ ~について話す 보다 격식을 갖춘 공손한 표현이다.

 ~하려고 합니다.

- 私はここでマッキントッシュを利用しようと思います。
  저는 여기에서 매킨토시를 이용하려고 합니다.

- 革新的な技術について語ろうと思います。
  혁신적인 기술에 대해서 얘기하려고 합니다.

- 海外投資戦略についてお話ししたいと思います。
  해외 투자 전략에 대해서 말씀드리려고 합니다.

- 消費者の全てのフィードバックについて追加説明をしたいと思います。
  소비자의 모든 피드백에 대해서 추가 설명을 드리겠습니다.

동사 의지형 + ~(よ)うと思います
~하려고 생각합니다
▶ 자신의 의지가 담긴 표현이다.

JAPANESE PRESENTATION 161

Steve Jobs 2007 iPhone Keynote Address at MacWorld

 애플 TV 기능 소개   애플 TV의 특징과 기술적인 사양에 대해 설명하기

SJP 기법

전달하고자 하는 복잡한 내용을 비주얼로 제시할 때, 하나의 슬라이드에 하나의 메시지만 전달함으로써 오래 기억할 수 있는 시각적인 효과를 노린다.

user interface UI
− 사용자가 컴퓨터와 상호 작용하기 위한 기호나 체계

▶ では、このアップルTVの機能についてもっと詳しくお話しさせていただきます。まず、この機器は最大720p、高画質ビデオまで転送できます。これが第一です。二番目、40ギガバイトのハードドライブを装着していて最大50時間分の動画を保存することができます。これは私が今皆様に見せたいものを紹介するのにとても役立ちます。それにこの機器は802.11無線ネットワークの使用が可能であり、一般的によく使われている三つの無線標準方式、つまりB、Gと非常に速度の速い新しいドラフトN方式をサポートします。そしてインテルプロセッサーを装着しており、皆様が望む作業ができるよう、ユーザインタフェースのための処理能力を備えています。

그럼 이 애플 TV의 기능에 대해 좀 더 상세하게 얘기를 해 보겠습니다. 먼저, 이 기기는 최대 720p 고화질 비디오까지 전송합니다. 이것이 첫째고요. 둘째, 40기가바이트 하드 드라이브를 장착하고 있어 최대 50시간 분량의 동영상을 저장할 수 있습니다. 이는 지금 제가 여러분에게 보여드리고자 하는 것을 소개하는데 아주 도움이 됩니다. 게다가 이 기기는 802.11 무선 네트워크 사용이 가능하며, 일반적으로 많이 사용하는 세 가지 무선 표준방식, 즉 B, G와 매우 속도가 빠른 새로운 드래프트 N 방식을 지원합니다. 그리고 인텔 프로세서를 장착하고 있어 여러분이 원하는 작업에 대해 사용자 인터페이스를 위한 프로세싱 능력을 갖추고 있습니다.

▶ 高画質(こうがしつ) 고화질   ▶ 装着(そうちゃく)する 장착하다   ▶ 動画(どうが) 동영상

~에 대해 상세하게 얘기해 보겠습니다.

- では、このアップルTVの機能についてもっと詳しくお話しさせていただきます。
  그럼 이 애플 TV의 기능에 대해 좀 더 상세하게 얘기를 해 보겠습니다.

- 会社の年間所得についてもっと詳しくお話しさせていただきま。
  회사의 연간 소득에 대해 좀 더 상세하게 얘기해 보겠습니다.

- 次の四半期の新しい運営計画や目標をより詳細にお話しさせていただきます。
  다음 분기의 새로운 운영 계획과 목표를 보다 상세하게 말씀드리겠습니다.

~について詳(くわ)しく話す
~에 대해 자세히 얘기하다

 ~을 저장할 수 있습니다.

- この機器は最大50時間分量の動画を保存することができます。
  이 기기는 최대 50시간 분량의 동영상을 저장할 수 있습니다.

- 数千個のデータを一つのコンピュータのメモリに保存することができます。
  수천 개의 데이터를 하나의 컴퓨터 메모리에 저장할 수 있습니다.

- 応用プログラムは認識できるファイルだけを保存することができます。
  응용 프로그램들은 인식할 수 있는 파일들만을 저장할 수 있습니다.

- 160GBのハードドライブは最大200時間分の動画と40,000曲の歌を保存することができます。
  160GB 하드 드라이브는 최대 200시간 분량의 동영상과 40,000곡의 노래를 저장할 수 있습니다.

保存(ほぞん)する
＝セーブする
저장하다

動画(どうが) 동영상
画像(がぞう) 이미지

Steve Jobs 2007 iPhone Keynote Address at MacWorld

12 프레젠테이션 본론 부분

신제품 소개에 앞서 과거 애플이 출시한 혁신적인 제품 매킨토시와 아이팟의 역사 간략하게 소개하기

SJP 기법

앞서 시종일관 다소 흥분된 빠른 어조로 프레젠테이션을 진행하던 잡스가 갑자기 목소리의 어조와 속도에 변화를 주어 고조된 장내 분위기를 숙연하게 만든다. 청중에게 집중을 유도하는 부탁의 말이 아니라, 다만 변화된 차분한 목소리 자체만으로 청중은 마침내 아이폰을 소개하는 프레젠테이션의 하이라이트 부분에 들어섰다는 감지를 하게 된다.

▶ 2年半、私はこの日が来るのを待ち望んでいました。時に、世の中を変える画期的な製品が登場したりします。まず、皆様の人生でこのような製品を一つ作るだけでもそれはとても幸運なことです。その意味でアップルは運がよかったのです。幾つかの革新的な製品を発売できたからです。1984年に私たちはマッキントッシュを発売しました。マッキントッシュは単にアップルだけを変えたのではなく、全世界のコンピュータ産業全体を変えました。2001年に私たちは最初のアイポット発売しました。これは、単に音楽を聞く方法を変えただけではありませんでした。世界中の音楽産業を変えてしまいました。

2년 반 동안, 저는 오늘을 몹시 기다렸습니다. 때때로 세상을 바꾸는 획기적인 제품이 등장하기도 합니다. 먼저, 여러분의 인생에서 이런 제품을 하나만 만들어도 그건 대단히 행운일 것입니다. 그 의미에서 애플은 운이 좋았습니다. 몇 가지 혁신적인 제품을 발매할 수 있었기 때문입니다. 1984년에 저희는 매킨토시를 발매했습니다. 매킨토시는 단순히 애플만 변화시킨 것이 아니라, 전 세계 컴퓨터산업 전체를 변화시켰습니다. 2001년에 저희는 첫 번째 아이팟을 발매했습니다. 이것은 단순히 우리가 음악을 듣는 방식만을 변화시킨 것은 아니었습니다. 전 세계 음악 산업을 변화시켰습니다.

Words & Expressions

- ▶ 待(ま)ち望(のぞ)む 희망하다
- ▶ 幾(いく)つか 몇 가지
- ▶ 発売(はつばい)する 발매하다
- ▶ 単(たん)に 단지, 다만
- ▶ ～のではなく ～한 것이 아니라

~을 몹시 기다렸습니다.

- 2年半、私はこの日が来るのを待ち望んでいました。
  2년 반 동안, 저는 오늘을 몹시 기다렸습니다.

- 貴下にまたお会いできる日を待ち望んでいました。
  귀하를 다시 만나 뵙기를 몹시 기다렸습니다.

- 私たちは、アイフォンOS 3.0ができるのを何ヵ月も前から待ち望んでいました。
  우리는 아이폰 OS 3.0이 만들어지는 것을 몇 개월 전부터 몹시 기다렸습니다.

~を待(ま)ち望(のぞ)んでいる
~을 몹시 기다리다
▶ 어떤 일에 몹시 기대를 하고 있을 때 쓰는 표현이다.

 여러분이 ~것만으로도 매우 운이 좋은 것입니다.

- 皆様の人生でこのような製品を一つ作るだけでもそれはとても幸運なことです。
  여러분의 인생에서 이런 제품을 하나만 만들어도 그건 대단히 행운일 것입니다.

- あなたがそのプロジェクトを開始するだけでもそれはとても幸運なことです。
  당신이 그 프로젝트를 시작하는 것만으로도 매우 운이 좋은 것입니다.

- すぐにその事業に着手することができたらそれはとても幸運なことです。
  바로 그 사업에 착수하신다면 매우 성공하실 겁니다.

~開始(かいし)する
＝~始(はじ)める
시작하다

Steve Jobs 2007 iPhone Keynote Address at MacWorld

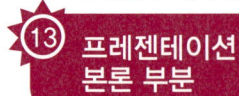
프레젠테이션 본론 부분

애플의 혁신적인 신제품 세 가지 소개하기

SJP 기법

잡스는 세부적인 신제품 설명에 앞서, 신제품의 아이콘을 회전시키면서 청중에게 몇 차례 보여주는데, 놀랍게도 청중의 흥분어린 관심과 기대를 고조시키는 효과를 낸다. 이러한 잡스만의 독특한 프레젠테이션 기법은 청중을 절정의 순간으로 끌어올린다.

▶ 今日、私たちはこのような革新的な製品を3つ紹介しようと思います。まず最初の製品はワイド画面でタッチ操作のできるアイポッドです。2つ目は、革新的な携帯電話、そして3つ目は画期的なインターネットコミュニケーション通信機、この3つです。つまりワイドタッチスクリーンのアイポッドや革新的な携帯電話、そして画期的なインターネット通信機です。アイポッドや携帯電話、インターネット通信機。アイポッドや携帯電話・・・何か分かりますか?これらは3つの独立した機器ではありません。それは一つの機器です。私たちはこれをアイフォンと呼びます。今日、アップルは携帯電話を再発明するつもりです。これです。違うと思いますか。本当は実物がここにありますが、今はただここにおくことにしましょう。

오늘 저희는 이와 같은 혁신적인 제품 세 가지를 소개하려고 합니다. 먼저 첫 번째 제품은 와이드 스크린으로 터치 컨트롤을 할 수 있는 아이팟입니다. 두 번째는 혁신적인 휴대전화, 그리고 세 번째는 획기적인 인터넷 커뮤니케이션 통신기, 이 세 가지입니다. 즉 와이드 터치스크린 아이팟과 혁신적인 휴대전화, 그리고 획기적인 인터넷 통신기입니다. 아이팟과 휴대전화, 인터넷 통신기기. 아이팟과 휴대전화… 뭔지 아시겠어요? 이것들은 세 개의 독립된 기기들이 아닙니다. 이것은 하나의 기기입니다. 저희는 이것을 아이폰이라고 부릅니다. 오늘 애플은 휴대전화를 재발명할 생각입니다. 이것입니다. 다르다고 생각하십니까? 실은 실물이 여기 있지만, 지금은 그냥 여기 놔두기로 하죠.

Words & Expressions

- まず最初(さいしょ) 먼저 처음
- 2つ目(め)は 두 번째는
- そして3つ目(め)は 그리고 세 번째는
- つまり 즉

 오늘 저희는 ~을 소개하고자 합니다.

- 今日、私たちはこのような革新的な製品を3つ紹介しようと思います。
  오늘 저희는 이와 같은 혁신적인 제품 세 가지를 소개하려고 합니다.

- 今日、私たちはグーグルのCEOのエリック・シュミットボックスをご紹介しようと思います。
  오늘 저희는 구글의 CEO인 에릭 슈미트 박스를 소개하려고 합니다.

- これから、私たちは講演の主なトピックについて紹介しようと思います。
  지금부터 저희는 저의 연설의 주요한 토픽에 대해 소개하려고 합니다.

- アップルは、米国内で6月にアイフォーンを出荷しようと思います。
  애플은 미국 내에서 6월에 아이폰을 출하하려고 합니다.

~を~しようと思(おも)います
~을 ~하려고 합니다
▶ ~しようとします라는 표현보다는 ~しようと思います가 일본어다운 표현이다.

 애플은 ~할 생각입니다

- 今日、アップルは携帯電話を再発明するつもりです。
  오늘 애플은 휴대전화를 할 생각입니다.

- アップルは皆様にソフトウェア革命をお見せするつもりです。
  애플은 여러분에게 소프트웨어 혁명을 보여 드릴 생각입니다.

- これから、前四半期の財政数値を公開するつもりです。
  지금부터 지난 분기의 재정 수치를 공개할 생각입니다.

~するつもりだ
~할 생각이다
▶ 의지가 담긴 예정을 나타낸다.

Steve Jobs 2007 iPhone Keynote Address at MacWorld

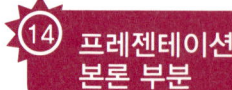 프레젠테이션
본론 부분

타사의 휴대전화와 스마트폰의 미숙한 인터넷 기능 지적하기

　　アイフォンの紹介に入る前に、携帯電話についてお話しさせていただきます。一番進化した携帯電話をスマートフォンと呼びます。人々がそう呼んでいます。そしてスマートフォンは携帯電話にメール機能とインターネット機能を1つの機器に結合したものです。携帯には、すべて薄く小さなプラスチックキーボードが付いています。しかし問題は格好が悪いし、スマートでもなく、しかも使いにくいという点です。そこで各メーカーの商品をグラフで比較してみると、縦の軸が賢さのレベル、横の軸が使いやすさレベルです。普通の携帯はこの辺りです。使いにくいし、賢くもありません。

아이폰 소개에 들어가기에 앞서 휴대전화에 대해 얘기를 해 보겠습니다. 가장 진화한 휴대전화를 스마트폰이라 부릅니다. 사람들이 그렇게 부르고 있죠. 그리고 스마트폰은 휴대전화에 이메일 기능과 인터넷 기능을 하나의 기기로 결합하여 합친 것입니다. 휴대전화에는 모두 얇고 작은 플라스틱 키보드가 붙어 있습니다. 그런데 문제는 모양도 나쁘고, 스마트하지도 않고, 게다가 사용하기 불편하다는 점입니다. 그래서 각 메이커의 상품을 그래프로 비교해보면 세로축이 스마트 레벨, 가로축이 사용 용이성 레벨입니다. 보통 휴대전화는 이 부분에 속합니다. 사용하기가 쉽지도 않고 스마트하지도 않습니다.

Words & Expressions

▶ 結合(けつごう)する 결합하다　▶ 合(あ)わせる 맞추다, 합치다　▶ 格好(かっこう)が悪(わる)い 모양이 나쁘다
▶ しかも 게다가　▶ そこで 그래서　▶ 縦(たて)の軸(じく) 세로축　▶ 横(よこ)の軸(じく) 가로축
▶ 賢(かしこ)い 현명하다, 빈틈없다(여기서는 스마트의 의미)

들어가기에 앞서, ~해 보겠습니다.

- アイフォンの紹介に入る前に、携帯電話についてお話しさせていただきます。
  아이폰 소개에 들어가기에 앞서 휴대전화에 대해 얘기를 해 보겠습니다.

  ~についてお話しさせていただだく
  ~에 대해 얘기를 하겠다

- 本格的な説明に入る前に、その商品ができるまでの背景についてお話しさせていただきます。
  본격적인 설명에 들어가기에 앞서 그 상품이 만들어지기까지의 배경에 대해 얘기를 해 보겠습니다.

- 商品の説明に入る前に、付属品についてお話しさせていただきます。
  상품의 설명에 들어가기에 앞서 부속품에 대해 얘기해 보겠습니다.

 문제는 ~라는 점입니다.

- しかし問題は格好が悪いし、スマートでもなく、しかも使いにくいという点です。
  그러나 문제는 모양도 나쁘고 스마트하지도 않고, 게다가 사용하기도 불편하다는 점입니다.

  「동사 ます形＋~にくい」
  ~하기 어렵다
  「동사 ます形＋~やすい」
  ~하기 쉽다
  ▶ 똑같은 발음이지만 見にくい(보기 어렵다), 醜い(못생기다)는 완전히 다른 의미를 갖는다.

- 問題はこの数カ月間、不良率が高まったという点です。
  문제는 최근 몇 달 동안 불량률이 높아졌다는 점입니다.

- 問題は、最近何年間広告予算が少なすぎたという点です。
  문제는 최근 몇 년간 광고 예산이 너무 적었다는 점입니다.

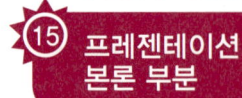

Steve Jobs 2007 iPhone Keynote Address at MacWorld

15 프레젠테이션 본론 부분

아이폰과 사용자 인터페이스 소개하기

▶ しかし、スマートフォンはもう少しスマートですが、使いにくいです。使い方を覚えるだけでも大変なんです。本当に複雑です。私たちはこのようなものを望んではいません。**私たちが望んでいるのは**どんな携帯電話よりも賢く、そして簡単に使える製品を作る**ことです**。それがアイフォンです。私たちは携帯電話を再発明したいと思います。革新的なユーザーインターフェースの話から始めることにしましょう。これは**長年**の研究と開発の末、ハードウェアとソフトウェアを組み合わせてできた**結実なのです**。

하지만 스마트폰은 분명히 조금 더 스마트하지만 사용하기가 어렵습니다. 사용법을 파악하는 것만으로도 힘이 듭니다. 정말 복잡합니다. 우리는 이러한 것을 원하지 않습니다. 우리가 원하는 것은 그 어떤 휴대전화보다 훨씬 더 스마트한 그리고 매우 간단하게 사용할 수 있는 제품을 만드는 것입니다. 그것이 스마트폰입니다. 우리는 휴대전화를 재발명하고자 합니다. 혁신적인 사용자 인터페이스 얘기부터 시작하기로 하죠. 이것은 수년간의 연구와 개발 끝에 만들어졌으며, 하드웨어와 소프트웨어가 짜 맞춰서 만들어진 결실인 것입니다.

Words & Expressions

▶ 望(のぞ)む 바라다   ▶ 賢(かしこ)い 현명하다, 영리하다   ▶ 長年(ながねん) 수년
▶ ～の末(すえ) ～한 끝에   ▶ 組(く)み合(あ)わせる 짜 맞추다

우리가 원하는 것은 ~하는 것입니다.

- 私たちが望んでいるのはどんな携帯電話よりも賢く、そしてすごく簡単に使える製品を作ることです。
  우리가 원하는 것은 그 어떤 휴대전화보다 훨씬 더 스마트한 그리고 매우 간단하게 사용할 수 있는 제품을 만드는 것입니다.

- 私たちが望んでいるのはアップルTVをアイポッドに接続することです。
  우리가 원하는 것은 애플 TV를 아이팟에 접속하는 것입니다.

- 私たちが望んでいるのはPCで得たコンテンツをアップルTVに転送することです。
  우리가 원하는 것은 PC에서 얻은 콘텐츠를 애플 TV에 전송하는 것입니다.

私たちが望んでいるのは~ことです
우리가 원하는 것은 ~하는 것입니다

 ~은 수년간의 ~한 결실입니다.

- これは長年の研究と開発の末、ハードウェアとソフトウェアを組み合わせてできた結実なのです。
  이것은 수년간의 연구와 개발 끝에 만들어진 결실입니다.

- 今回の応用プログラムが成功できたのは、ソフトウェア開発者たちの長年の苦労の結実なのです。
  이번 응용 프로그램이 성공할 수 있었던것은 소프트웨어 개발자들이 수년간 고생한 결실입니다.

- この問題は長年の放漫経営の結果です。
  이 문제들은 수년간의 부실 경영의 결과입니다.

結実(けつじつ) 결실
結果(けっか) 결과
結実과 結果는 비슷하지만 結実은 좋은 것만 쓰고 結果는 좋은 것에도 나쁜 것에도 사용할 수 있다.

放漫経営(ほうまんけいえい)
방만 경영, 부실 경영

Steve Jobs 2007 iPhone Keynote Address at MacWorld

 문제점 지적하기   타사 스마트폰 제품들의 문제점과 혁명적인 사용자 인터페이스의 필요성 설명하기

SJP 기법

청중에게 질문을 자주 던져 자신의 프레젠테이션에 집중하게 한다.

▶ では、なぜ革新的なユーザインタフェースが必要なのでしょうか。ここに4つのスマートフォンがあります。Motorola Q、the BlackBerry、Palm Treo、Nokia E62. 代表的なスマートフォンの製品です。では、これらの問題点は何でしょうか。この製品の問題点はこの下の40%部分にあります。まさにこの部分です。このキーボードはすべてプラスチックで固定されており、どの機能を使うにしてもこのキーボードを使わざるを得ません。機能によってボタンの場所はぜんぜん違うのにも関わらずです。機器に合わせ、それに合ったボタンで構成されるべきなのです。

그럼 왜 혁신적인 사용자 인터페이스가 필요한 것일까요? 여기 4개의 스마트폰이 있습니다. Motorola Q, the BlackBerry, Palm Treo, Nokia E62. 대표적인 스마트폰 제품들이죠. 그럼 이들 사용자 인터페이스의 문제점은 무엇일까요? 이 제품들의 문제점은 여기 하단 40% 부분에 있습니다. 바로 여기 부분입니다. 이 키보드는 모두 플라스틱으로 고정되어 있고, 어느 기능을 사용하든 이 키보드를 사용해야만 합니다. 기능에 따라 버튼의 위치는 전혀 다른데도 불구하고 그렇습니다. 기기에 맞게 최적화된 버튼으로 구성되어야 하는 것입니다.

 Words & Expressions

▶ 固定(こてい)する 고정하다   ▶ ～にも関(かか)わらず ～임에도 불구하고
▶ 最適化(さいてきか)された 최적화된

왜 ~이 필요할까요?

- ではなぜ革新的なユーザインタフェースが必要なのでしょうか。
  그럼 왜 혁신적인 사용자 인터페이스가 필요한 것일까요?

- スマートフォンの下にあるこのボタンはなぜ必要なのでしょうか。
  스마트폰 하단에 있는 이 버튼은 왜 필요할까요?

- なぜこんな小さなプラスチック製のキーボードが必要なのでしょうか。
  왜 이런 조그마한 플라스틱제 키보드가 필요할까요?

何故(なぜ) = どうして
= 何(なん)で 왜
▶ なぜ는 기본적으로 문장체 말투로 공식적인 장소에서 사용한다. どうして는 친구 사이에서 가볍게 쓸 수 있는 말로 윗사람에게는 사용하지 않는 것이 좋다. 何でで는 どうして보다 더 허물없는 사이에 쓸 수 있는 말이다.

~하지 않을 수 없습니다.

- このキーボードはすべてプラスチックで固定されており、どの機能を使うにしてもこのキーボードを使わざるを得ません。
  이 키보드는 모두 플라스틱으로 고정되어 있고, 어느 기능을 사용하든 이 키보드를 사용하지 않을 수 없습니다.

- 風邪を引いても会社に行かざるを得ません。
  감기에 걸려도 회사에 가지 않을 수 없습니다.

- いくら高くても税品は払わざるを得ません。
  아무리 비싸도 세금은 내지 않을 수 없습니다.

- いくら忙しくても家事をせざるを得ません。
  아무리 바빠도 집안일을 해야만 합니다.

~ざるを得(え)ない
~하지 않을 수 없다
~해야 한다

Steve Jobs 2007 iPhone Keynote Address at MacWorld

 해결책 발표　　스마트폰의 문제점 해결 과정 설명하기

SJP 기법

동일한 단어 解決する를 반복적으로 사용하였으나, 지루한 느낌보다는 오히려 자신감 넘치는 태도와 그의 열정으로 청중의 신뢰감을 얻게 한다.

▶ もし皆様に6ヵ月後、奇抜なアイディアが浮んだとしたらどうなるでしょうか？ 既に出荷された後なのですから、戻すこともできないし、この製品に新しいボタンを追加することもできないです。ボタンの変更も追加もできないので、そのアイデアは無駄になってしまうのです。その度に応用プログラムごとに変えることもできないのです。どうやって解決したらいいのでしょう。しかし、私たちがこの問題を解決しました。しかも既に20年前にマッキントッシュが解決していたのです。デスクトップ画面にすべての機能を表示させ、どんな種類のユーザインタフェースでも上げることができるようにし、選択するための器機としてマウスを作って解決したのです。

만약 여러분에게 6개월 후에 기발한 아이디어가 떠오른다면 어떻게 될까요? 이미 출하된 후라서 되돌릴 수도 없고 이 제품에 새로운 버튼을 추가할 수도 없습니다. 버튼의 변경도 추가가 할 수 없기 때문에 그 아이디어는 소용이 없게 됩니다. 매번 응용 프로그램마다 바꿀 수도 없는 것입니다. 어떻게 해결하면 좋을까요? 그러나 저희가 이 문제를 해결했습니다. 그것도 이미 20년 전에 매킨토시에서 해결한 것입니다. 데스크탑 화면에 모든 기능을 표시하여 어떤 종류의 사용자 인터페이스든지 올릴 수 있게 하여, 선택하기 위한 기기로 마우스를 써서 해결한 것입니다.

▶ 奇抜(きばつ)な 기발한　▶ アイディアが浮(う)かぶ 아이디어가 떠오르다　▶ 追加(ついか)する 추가하다

만약 ~라면 어떻게 될까요?

- **もし**皆さんに6ヵ月後、奇抜なアイディアが浮んだ**としたら**どうなるでしょうか?
  만약 여러분에게 6개월 후에 기발한 아이디어가 떠오른다면 어떻게 될까요?

- **もし**工場で出荷された**上で**、製品に問題があることが分かれ**ばどうなるでしょうか**?
  만약 공장에서 출고된 후에 제품에 문제가 있다는 것을 알게 된다면 어떻게 될까요?

- **もし**契約をキャンセル**したらどうなるでしょうか**?
  만약 계약을 취소하면 어떻게 될까요?

もし ~たらどうなるでしょうか
만약 ~라면 어떻게 될까요?

~上で
~한 후에, ~하고 나서
▶ 「동사 た형+~上で」, 「명사+の+~上で」로 활용하여 의미 순서를 나타낸다.

 ~ 때문에 ~은 소용없게 되고 마는 것입니다.

- ボタンの変更も追加もできないので、そのアイデア**は無駄に**なってしまうのです。
  버튼의 변경도 추가도 할 수 없기 때문에 그 아이디어는 소용없게 되고 마는 것입니다.

- 自動車保険を解約したら、等級**は無駄に**なってしまうのです。
  자동차 보험을 해지하면 등급은 소용없게 되고 마는 것입니다.

- 社員と経営陣間に十分な協力がなかったために、その費用**は無駄に**なってしまったのです。
  직원들과 경영진 간에 충분한 협조가 없었기 때문에 그 비용은 헛되이 되고 마는 것입니다.

無駄(むだ)になる
쓸모없게 되다, 소용없게 되다, 헛되이 되다

Steve Jobs 2007 iPhone Keynote Address at MacWorld

 포인팅 기기 개발   스마트폰의 문제점 해결 과정 설명하기

SJP 기법

마치 모노드라마의 배우처럼 청중과 대화하듯이 계속 질문을 던지고 답하는 과정에서, 청중과의 상호 교감을 유도하고 기대감을 고조시키면서 시종일관 청중과 무대를 장악한다.

▶ それではどうやってこれを携帯電話に適用すればいいのでしょうか。このボタンを全て外して大型画面だけにする**のです**。それではどうやってこれを操作しますか。マウスを持ち歩くことはできません。では、どうすればいいですか。スタイラスペンがありますね。スタイラスペンを利用しますか。だめです。どこにスタイラスペンを使いたがる人がいますか。誰も望みません。出したり入れたりしているうちにすぐ無くしてしまいます。スタイラスペン**は止めましょう**。誰もが生まれたときから持っている世界最高のポインティング機能を使用します。そうです。指です。指を使うのです。

그럼 어떻게 이것을 휴대전화에 적용하면 좋을까요? 이 버튼을 모두 제거하고 대형 화면만을 만든 것입니다. 그럼 어떻게 이것을 작동할까요? 마우스를 들고 다닐 수는 없습니다. 그럼 어떻게 하면 될까요? 스타일러스 펜이 있군요. 스타일러스 펜을 이용하겠습니까? 안 됩니다. 어디에 스타일러스 펜을 쓰고 싶어 하는 사람이 있겠습니까? 아무도 원하지 않습니다. 넣었다 뺐다 하다가 잃어버릴 텐데요. 스타일러스 펜은 사용하지 맙시다. 누구나 태어날 때부터 가지고 있는 세계 최고의 포인팅 기기를 사용합니다. 그렇습니다. 손가락입니다. 손가락을 사용하는 것입니다.

 Words & Expressions

▶ 外(はず)す 떼다, 벗기다   ▶ 大型画面(おおがたがめん) 대형화면   ▶ 持(も)ち歩(ある)く 가지고 다니다
▶ スタイラスペン 스타일러스 펜(stylus)

~는 것입니다.

- このボタンを全て外して大型画面だけにする**のです**。
  이 버튼을 모두 제거하고 대형 화면만을 만드는 것입니다.

- 職員たちの士気を盛り上げる方法を探す**のです**。
  직원들의 사기를 북돋우는 방법을 찾는 것입니다.

- そのプロジェクトについて仲間と協議をする**のです**。
  그 프로젝트에 대하여 동료와 협의를 하는 것입니다.

~のです
~는 것입니다
▶ 자기 주장을 강하게 어필하고 싶을 때 쓴다.

 ~은 하지 맙시다.

- スタイラスペン**は止めましょう**。
  스타일러스 펜은 사용하지 맙시다.

- そんな愚かなことでこれ以上多くの時間とお金を浪費するの**は止めましょう**。
  그런 어리석은 일에 더 이상 많은 시간과 돈을 허비하는 것은 그만합시다.

- この状況を自分の楽な観点だけで見ること**は止めましょう**。
  이 상황을 자신의 편안한 관점에서만 보는 것은 그만합시다.

- それについてこれ以上論争すること**は止めましょう**。
  그것에 대해서 더 이상 논쟁하는 것은 그만합시다.

止(や)める
그만두다, 중지하다

愚(おろ)かな
어리석은

お金(かね)を浪費(ろうひ)する
돈을 낭비하다, 허비하다

Steve Jobs 2007 iPhone Keynote Address at MacWorld

멀티 터치 기술 발명

혁명적인 사용자 인터페이스 제품의 개발과 성공 설명하기

SJP 기법

청중의 웃음을 유발하는 기지넘치는 말로 발표장 분위기를 활기차게 한다.

　指でアイフォンをタッチするのです。私たちはマルチタッチという非常に驚くべき新しい技術を発明しました。まるで魔法のように作動します。もうスタイラスペンは必要ありません。今まであったどんなタッチディスプレイより**はるかに精巧です**。間違ってタッチした場合には反応しません。大変スマートです。どの指でも作動することができます。特許もすぐに取りました。私たちは**ラッキーなことに**革命的なインターフェイスをいくつも市場に出すことができた**のです**。最初の製品でマウスを発売し、2番目にはクリックホイールを発売しました。次に私たちはマルチタッチを発売しました。このようなそれぞれの革新的なユーザーインターフェイスによって私たちは画期的な製品、つまりマッキントッシュ、アイポッド、そして新製品であるアイフォンを可能にしました。

　손가락으로 아이폰을 터치할 것입니다. 저희는 멀티 터치라고 하는 대단히 놀라운 새로운 기술을 발명했습니다. 마치 마술처럼 작동합니다. 이제 스타일러스 펜은 필요 없습니다. 이제까지 나온 어떤 터치 디스플레이보다 훨씬 더 정교합니다. 잘못 터치했을 경우에는 반응하지 않습니다. 대단히 스마트합니다. 아무 손가락으로도 작동할 수 있습니다. 특허도 바로 냈습니다. 저희는 운이 좋게도 혁신적인 사용자 인터페이스를 몇 개나 낼 수 있게 된 것입니다. 첫 번째 제품으로 마우스를 발매하였고, 두 번째로는 클릭 휠을 발매하였습니다. 다음으로 저희는 멀티 터치를 시장에 발매하였습니다. 이러한 각각의 혁신적인 사용자 인터페이스로 인해 저희는 획기적인 제품들, 즉 매킨토시, 아이팟, 그리고 신제품인 아이폰을 가능하게 했습니다.

Words & Expressions

▶ 驚(おどろ)くべき 놀랄 만한　▶ 特許(とっきょ)を取(と)る 특허를 따다
▶ 市場(しじょう)に出(だ)す 시장에 내놓다

~보다 훨씬 더 ~합니다.

- それは今まであったどんなタッチディスプレイよりはるかに精巧です。

  그것은 이제까지 나온 어떤 터치 디스플레이보다 훨씬 더 정교합니다.

~よりはるかに~です＝
~よりもずっと~です
~보다 훨씬 더 ~합니다

- それは私が今まで見たどんな種類のカバンよりはるかに高いです。

  그것은 제가 지금까지 본 어떤 종류의 가방보다 훨씬 더 비쌉니다.

- それはこれまで私たちが試みたどんな種類の方法よりもずっと効果的です。

  그것은 이제까지 저희가 시도해 본 어떤 종류의 방법보다 훨씬 더 효과적입니다.

試(こころ)みる
시도해 보다, 시험해 보다

 운이 좋게도 ~것입니다.

- 私たちはラッキーなことに革命的なインターフェイスをいくつも市場に出すことができたのです。

  저희는 운이 좋게도 혁신적인 사용자 인터페이스를 몇 개나 낼 수 있게 된 것입니다.

ラッキーなことに
＝幸運(こううん)にも
＝運(うん)よく
운이 좋게도

- 私たちはゲームのアプリを作ったのですが、運よくそれが大ヒットしたのです。

  저희는 게임어플을 만들었는데 운 좋게 그것이 대 히트를 친 것입니다.

- 大企業から大きな仕事が来たのは、わが社にとって幸運なことでした。

  대기업으로부터 큰 일이 온 것은 우리 회사에 있어 운이 좋았습니다.

Steve Jobs 2007 iPhone Keynote Address at MacWorld

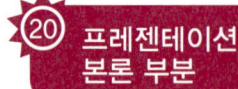

본격적으로 신제품 아이폰 소개하기

革命的なユーザーインターフェス。私たちはこの上にソフトウェアを構築しようと思います。最近の携帯電話のソフトウェア**は**ベビーソフトウェア**に過ぎません**。あまり強力ではありません。今日、私は皆様に革新的なソフトウェアをお見せしたいと思います。他の既存の携帯電話より5年は先を行くソフトウェアです。では、これをどうやって作ったのでしょうか。私たちは強力な基盤でスタートします。つまり、アイフォンはOS Xを装着しています。**なぜ私たちが**そんな複雑な運営体系(OS)を携帯用機器に駆動させようとする**のでしょうか**。その理由は私たちの必要とするものがすべてそこにあるからです。

혁명적인 사용자 인터페이스. 저희는 이 위에 소프트웨어를 구축하려고 합니다. 요즘 휴대전화의 소프트웨어는 베이비 소프트웨어에 불과합니다. 그다지 강력하지 않죠. 오늘 저희는 여러분에게 혁신적인 소프트웨어를 보여 드리고자 합니다. 다른 기존의 휴대전화들보다 최소한 5년은 앞서 있는 소프트웨어입니다. 그럼 이것을 어떻게 만들었을까요? 우리는 강력한 기반으로 시작합니다. 즉 아이폰은 OS X을 장착하고 있습니다. 왜 저희가 그런 복잡한 운영체계(OS)를 휴대용 기기에 구동시키려는 것일까요? 그 이유는 우리가 필요한 모든 것이 거기에 있기 때문입니다.

- 構築(こうちく)する 구축하다
- 基盤(きばん) 기반
- 駆動(くどう)する 구동하다

~는 ~에 지나지 않습니다.

- 最近の携帯電話のソフトウェア**は**ベビーソフトウェア**に過ぎません**。
  요즘 휴대전화의 소프트웨어는 베이비 소프트웨어에 불과합니다.

- いくら弁解しようとしても、それ**は**言い訳**に過ぎません**。
  아무리 변명하려고 해도 그것은 변명에 지나지 않습니다.

- 有料老人ホームへの入居**は**、在宅介護と同じで一つの選択**に過ぎません**。
  유료 양로원에 입주하는 것은 재택개호와 같이 하나의 선택에 지나지 않습니다.

~に過(す)ぎない
~에 불과하다, ~에 지나지 않다
▶ 그다지 중요하지 않다는 뉘앙스를 나타낸다.

在宅介護(ざいたくかいご)
재택개호
▶ 굳이 양로원을 가지 않더라도 집에서 간호를 받을 수 있는 제도를 말한다.

 저희가 왜 ~하려는 것일까요?

- **なぜ私たちが**そんな複雑な運営体系(OS)を携帯用機器に駆動させようとする**のでしょうか**。
  왜 저희가 그런 복잡한 운영체계(OS)를 휴대용 기기에 구동시키려는 것일까요?

- **なぜ私たちが**このような革命的なユーザインタフェスを開発しようとする**のでしょうか**。
  왜 저희가 이런 혁명적인 사용자 인터페이스를 개발하려는 것일까요?

- **なぜ私たちが**インターネットアプリケーション開発に力を注ぐ**のでしょうか**。
  왜 저희가 인터넷 애플리케이션 개발에 주력하려는 것일까요?

~に力(ちから)を注(そ)ぐ
~에 힘을 쏟다

Steve Jobs 2007 iPhone Keynote Address at MacWorld

아이폰에 장착된 소프트웨어 프로그램과 기능 설명하기

⋯▶ Multicastingになって最高のネットワーキングになりました。電力を管理する方法も既に知っています。私たちはスマートフォンコンピューターに向けて、長年このような技術を開発してきました。優れたセキュリティ機能もあります。そしてココアやグラフィック機能もあります。コアのアニメも内蔵されています。OS Xを有名にしたオーディオとビデオ機能も備えています。我々が願うすべてがOS Xの中にあります。そのOS Xがそのままアイフォーンの中に入ってきたのです。これによってデスクトップレベルの応用プログラムやネットワーキングが可能になったのです。今までの携帯電話についているつまらないソフトウェアではありません。これがまさに真のデスクトップレベルの応用プログラムが装着されたアイフォンです。

멀티태스킹이 되고 최고의 네트워킹이 되었습니다. 전력 관리하는 법도 이미 알고 있습니다. 저희는 스마트폰 컴퓨터를 향해 수년 동안 이러한 기술을 개발해 왔습니다. 우수한 보안기능도 있습니다. 그리고 코코아와 그래픽 기능도 있습니다. 코어 애니메이션도 내장되어 있습니다. OS X을 유명하게 만든 오디오와 비디오 기능도 갖추고 있습니다. 우리가 원하는 모든 것이 OS X 안에 있습니다. 그 OS X이 그대로 아이폰 속으로 들어온 것입니다. 이로 인해 데스크탑 수준의 응용 프로그램과 네트워킹이 가능하게 된 것입니다. 대부분 휴대전화에 있는 그런 보잘것없는 소프트웨어들이 아닙니다. 이것이 바로 진정한 데스크탑 수준의 응용프로그램들이 장착된 아이폰입니다.

▶ ～に向(む)けて ～를 향해　▶ 備(そな)える 갖추다　▶ つまらない 시시하다, 하찮다　▶ 真(しん) 진정, 진실

프레젠테이션 본론 부분

　~하는 방법을 이미 알고 있습니다.

- 私たちは電力を管理する方法を既に知っています。
  저희는 전력 관리하는 법을 이미 알고 있습니다.

- 私たちは商品を販売するための攻撃的なマーケティング戦略を採択する方法を既に知っています。
  저희는 상품을 판매하기 위한 공격적인 마케팅 전략을 채택하는 방법을 이미 알고 있습니다.

- 我々は全世界的なビジネス競争で生き残る方法を既に知っています。
  저희는 전 세계적인 비즈니스 경쟁에서 살아남는 방법을 이미 알고 있습니다.

~する方法を既に知っている
~하는 방법을 이미 알고 있다

　~으로 인해 ~하게 된 것입니다.

- これによってデスクトップレベルの応用プログラムやネットワーキングが可能になったのです。
  이로 인해 데스크탑 수준의 응용 프로그램과 네트워킹이 가능하게 된 것입니다.

- その技術によって我々はいくつかの立派な製品の生産が可能になったのです。
  그 기술로 인해 저희는 몇몇 훌륭한 제품의 생산이 가능하게 될 것입니다.

- 長年の研究によって我々は革新的な製品を開発できるようになったのです。
  다년간의 연구로 인해 저희는 혁신적인 제품들을 개발하게 될 것입니다.

명사+~によって
~로 인해, ~에 의해

명사, な형용사+~になる
い형용사+~くなる
동사+~ようになる
▶ 다만 太る나 やせる와 같은 변화를 나타내는 동사는 太るようになりました, やせるようになりました가 아닌 太りました, やせました로 표현함에 유의해야 한다.

JAPANESE PRESENTATION 183

Steve Jobs 2007 iPhone Keynote Address at MacWorld

 인용구문 활용

혁신적인 소프트웨어를 개발하게 된 당위성 피력하기

SJP 기법

명사의 인용구를 들어 자신의 메시지를 뒷받침하고 프레젠테이션에 활기를 불어 넣는다.

▶ コンピューター産業の開拓者のうち一人であるアラン・ケイは、数年にわたって立派な名言をたくさん残しています。その中の一つを最近偶然耳にしたのですが、その言葉が私たちが今どのように考え、またなぜこのような方式にしようとするのかを説明してくれます。理由は私たちがソフトウェアを愛してるからです。これがその引用句です。「ソフトウェアに関して本当に真剣に考える人は自分だけのハードウェアを作らなければならない」。アレンは30年前にこう言いました。これがまさに私たちがアイフォーンについて感じていることです。我々は革命的なソフトウェアを携帯に初めて投入しようとしているのです。これは他のどんな携帯電話よりも5年は先を行っています。

컴퓨터 산업의 개척자 중의 한 분인 앨런 케이는 몇 년에 걸쳐 훌륭한 명언들을 많이 남겼습니다. 그 중 하나를 최근 우연히 듣게 되었는데, 그 말이 지금 우리가 어떻게 생각하고 있는지, 왜 이러한 방식으로 하려고 하는지를 설명해주는 말입니다. 이유는 우리가 소프트웨어를 사랑하기 때문입니다. 이것이 그 인용구입니다. "소프트웨어에 관해 정말로 진지하게 생각하는 사람은 자신만의 하드웨어를 만들어야 한다." 앨런은 30년 전에 이 말을 했습니다. 이것이 바로 우리가 아이폰에 대해서 느끼고 있는 점입니다. 우리는 획기적인 소프트웨어를 휴대전화에 처음으로 도입하려고 합니다. 이것은 다른 어떤 휴대전화보다도 5년이나 앞선 것입니다.

 Words & Expressions

▶ 開拓者(かいたくしゃ) 개척자, 선구자 ▶ ～うち ～중 ▶ ～にわたって ～에 걸쳐
▶ 名言(めいげん)を残(のこ)す 명언을 남기다 ▶ ～に関(かん)して ～에 관해 ▶ 投入(とうにゅう)する 도입하다

～을 들었습니다.

- 今私たちがこれをどう考えているかを説明してくれる引用句を最近に偶然耳にしました。
  지금 우리가 이것을 어떻게 바라보고 있는지를 설명해 주는 인용구를 최근에 우연히 들었습니다.

- ライバル会社が新製品を発売するという話を耳にしました。
  라이벌 회사가 신제품을 발명한다고 하는 이야기를 들었습니다.

- 私の理論を裏付ける記事を最近偶然目にしました。
  제 이론을 뒷받침해주는 기사를 최근에 우연히 보게 되었습니다.

- インターネットサーフィンをして偶然その製品を目にしました。
  인터넷 서핑을 하다가 우연히 그 제품을 보게 되었습니다.

耳(みみ)にする
듣다
目(め)にする
보다

裏付(うらづ)ける
뒷받침하다

 이것이 바로 저희가 ～는 점입니다.

- これがまさに私たちがアイフォーンについて感じていることです。
  이것이 바로 우리가 아이폰에 대해서 느끼고 있는 점입니다.

- これがまさに私たちが問題だと感じていることです。
  이것이 바로 저희가 문제라고 느끼고 있는 점입니다.

- ここがまさに新しくアップグレードされたと感じていることです。
  이것이 바로 새로 업그레이드된 방식이라고 느끼고 있는 점입니다.

～ていることです
～하고 있는 점입니다
▶ ところ 대신 点을 넣어 ～ている点です라고 해도 된다.

Steve Jobs 2007 iPhone Keynote Address at MacWorld

 아이폰 시연하기 　　아이폰의 차별화된 기능 설명하기

SJP 기법

많은 청중 앞에서 프레젠테이션을 진행할 때 실수 없이 정확하게 신제품 시연을 하기 위해서는 사전에 충분한 연습으로 완벽을 기한다. 프레젠테이션의 대가인 잡스 역시 매번 완벽해질 때까지 끊임없이 반복적인 연습을 한 것으로 잘 알려져 있다.

▶　さあ、ここに特別なアイフォンがあります。中に特別なちょっとしたボードが装着されていて、デジタル画面を外部に出力することができます。そしてプロジェクターに連結されたコードがここにあります。ここに素敵なイメージがあります。これから皆様にアイフォンをどのように作動するのかお見せしましょう。ここにあるカメラを通じて皆様はしばらく私が指で作動する様子ご覧いただけます。画面に絵が見えます。作動するには'sleep/wake'ボタンを押せばいいのです。さあ、押しました。フォンを活性化するには、指で押しさえすればいいのです。もう一度見たいですか。

자, 여기 특별한 아이폰이 있습니다. 안에 특별한 조그마한 보드가 장착되어 있어서 디지털 화면을 외부로 출력할 수 있습니다. 그리고 프로젝터와 연결된 코드가 여기 있습니다. 여기 멋진 이미지가 있습니다. 지금부터 여러분께 아이폰을 어떻게 작동하는지 보여 드리죠. 여기 있는 카메라를 통해 여러분은 잠시 제 손가락으로 작동하는 모습을 보실 수가 있습니다. 화면에 그림이 보입니다. 이제 작동하려면 'sleep/wake' 버튼을 누르면 됩니다. 자 눌렀습니다. 폰을 활성화시키려면 손가락으로 밀기만 하면 되는 것입니다. 다시 보고 싶으신가요?

▶ ～を通(つう)じて ～를 통해

여러분에게 ~을 보여 드리죠.

- これから皆様にアイフォンをどのように作動するのかお見せしましょう。

  지금부터 여러분께 아이폰을 어떻게 작동하는지 보여드리죠.

- これから皆様に二つメージの違いをお見せしましょう。

  지금부터 여러분께 두 이미지의 차이점을 보여드리죠.

- これから皆様に言葉で言い表すことのできない自然の美しさをお見せしましょう。

  지금부터 여러분께 형언할 수 없는 자연의 아름다움을 보여드리죠.

お＋동사 ます形＋する/いたす
- 자신을 낮춰서 상대를 높이는 겸양어 표현이다.

 ~폰을 활성화하기 위해서는 ~만 하면 됩니다.

- フォンを活性化するには、指で押しさえすればいいのです。

  폰을 활성화시키려면 손가락으로 밀기만 하면 되는 것입니다.

- フォンを活性化するには、パターンを描けばいいのです。

  폰을 활성화시키려면 패턴을 그리기면 되는 것입니다.

- フォンを活性化するには、ホームボタンを押すだけでいいのです。

  폰을 활성화시키려면 홈 버튼을 누르기만 하면 되는 것입니다.

동사+には
~하려면
- 동사에 ~には를 붙이면 そうするためには(그렇게 하기 위해서는), そうしたいと思うのなら(그렇게 하고 싶으면)이란 의미를 갖는다.

동사 ます形 형＋さえすれば
~기만 하면

Steve Jobs 2007 iPhone Keynote Address at MacWorld

 아이폰 시연하기 　　아이폰 우수성 설명하기

SJP 기법

청중에게 즐거운 쇼를 보여주듯 편안하고 즐겁게 시연하는 모습에서 청중도 그의 쇼의 일부분으로 동화시킨다.

▶　私たちはポケットの中のフォンが勝手に作動することがない<u>製品を作りたかったのです</u>。ただ横に押すだけでいいのです。ほら！これはアイフォンのホーム画面です。アイポッドに入りたければ右の下のこのアイコンを押せばいいのです。ほら！アイポッドに入りました。またホームに行きたければこのホームボタンを押せばいいのです。アイポッドにまた戻ります。下に5つのボタンが見えるでしょう。再生リスト、アーティスト、音楽、ビデオなどがあるのですが、今アーティストに入りました。アーティストリストを見る<u>ためには、どのようにスクロールしなければならないでしょうか</u>。どうしますか？指でそのままスクロールしたらいいのです。素敵でしょう？

저희는 주머니 안에서 전화가 자동으로 작동되는 일이 없는 제품을 만들고 싶었습니다. 그냥 옆으로 밀기만 하면 되는 것입니다. 보세요! 이것은 아이폰의 홈 화면입니다. 아이팟으로 들어가고 싶으면 우측 아래로 가서 이 아이콘을 누르면 됩니다. 보세요! 아이팟에 들어왔습니다. 다시 홈으로 가고 싶으면 여기 홈 버튼을 누르면 됩니다. 아이팟으로 다시 돌아갑니다. 밑에 다섯 개의 버튼이 보이시죠. 재생 목록, 아티스트, 음악, 비디오 등이 있는데요, 지금 아티스트에 들어왔습니다. 아티스트 목록을 보기 위해서는 어떻게 스크롤해야 할까요? 어떻게 할까요? 손가락으로 그냥 스크롤하면 되는 것입니다. 멋지지 않습니까?

▶ 横(よこ)に押(お)す 옆으로 밀다　▶ 素敵(すてき) 멋짐

아이폰 시연하기

 저희는 ~한 제품을 만들고 싶었습니다.

- 私たちはポケットの中のフォンが勝手に作動することがない製品を作りたかったのです。
  저희는 주머니 안에서 전화가 자동으로 작동되는 일이 없는 제품을 만들고 싶었습니다.

~を作りかったのです
~을 만들고 싶었습니다
▶ のは 자신의 의지를 강조하는 표현이다.

- 私たちは皆様が心から楽しむことができるような製品を作りたかったです。
  저희는 여러분이 마음으로부터 즐길 수 있는 그러한 제품을 만들고 싶었습니다.

- 私たちは充電する必要のない製品を作りたかったのです。
  저희는 충전할 필요가 없는 제품을 만들고 싶었습니다.

充電(じゅうでん)する
충전하다

 ~려면 어떻게 ~해야 할까요?

- アーティストリストを見るためには、どのようにスクロールしなければならないでしょうか。
  아티스트 목록을 보기 위해서는 어떻게 스크롤해야 할까요?

동사+ためには
＝동사+には
~하기 위해서는

- ボイスメールを転送するためには、どのようにしなければならないでしょうか。
  보이스 메일을 전송하기 위해서는 어떻게 해야 할까요?

- アイポッドに戻るにはどうしなければならないでしょうか。
  아이팟으로 돌아가려면 어떻게 해야 할까요?

- ネットワークを管理するためには、どうしなければならないでしょうか。
  네트워크를 관리하기 위해서는 어떻게 해야 할까요?

JAPANESE PRESENTATION

Steve Jobs 2007 iPhone Keynote Address at MacWorld

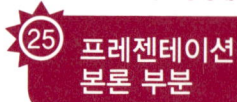 **프레젠테이션 본론 부분**

아이폰의 기능 설명하기

▶ それでは革命的な携帯電話について、詳しく見ていきましょう。私たちは携帯電話を再発明することを望んでいます。キラーアプリケーションとは何でしょうか。それは電話をかけるということです。携帯電話で電話かけるのが何故こんなに難しいのでしょうか。実際に多くの人は一日何度も電話をかけなければなりません。大体の人は住所録に電話番号をたくさん入力することができません。最近は住所録の代わりに着信履歴を住所録として使っています。そうでしょう?皆様の中の何人かはそうしているでしょう?そうしている方が少なからずいらっしゃることでしょう。そこで私たちは皆様が、決して過去に使ったことのない住所録を使用することにしました。皆様のPCやマッキントッシュにアイフォンをシンクすれば、すべての住所録をアイフォンですぐにダウンロードすることができます。それにより、皆様は全ての電話番号をいつも持ち歩くことができるようになるのです。

그럼 혁명적인 휴대전화에 대해 자세히 살펴보기로 하죠. 저희는 휴대전화를 재발명하기를 원합니다. 킬러 애플리케이션이 무엇일까요? 그것은 전화를 거는 것입니다. 휴대전화로 전화하기가 왜 이렇게 어려운 것일까요. 실제로 많은 사람들은 하루에 몇 번이나 전화를 걸어야만 합니다. 대부분의 사람들은 주소록에 전화번호를 많이 담지 못합니다. 대신 최근기록을 주소록으로 쓰고 있습니다. 그렇죠? 여러분 중 몇 분이 그렇게 하고 계시죠? 틀림없이 그렇게 하시는 분이 적잖게 계실 것입니다. 그래서 저희는 여러분이 결코 과거에는 사용해 본 적이 없는 주소록을 사용하도록 했습니다. 여러분의 PC나 매킨토시에 아이폰을 싱크하여 모든 주소록을 아이폰으로 바로 내려 받을 수 있습니다. 그것에 의해 여러분은 모든 전화번호를 항상 지니고 다닐 수 있게 되는 것입니다.

 Words & Expressions

▶ キラーアプリケーション 킬러 애플리케이션(killer app:특정한 운영 체제를 보급시키는 결정적인 계기가 될 정도로 많은 인기를 얻는 소프트웨어)
▶ 何故(なぜ) 왜 ▶ 着信履歴(ちゃくしんりれき) 최신기록

실제로 많은 사람은 ~합니다.

- **実際に多くの人は**一日何度も電話をかけ**なければなりません。**
  실제로 많은 사람들은 하루에 몇 번이나 전화를 걸어야만 합니다.

- **実際に多くの人は**競争会社において勝ち抜いていく確な方法はないと思っています。
  실제로 많은 사람들은 경쟁 사회에서 살아남을 확실한 방법이 없다고 생각합니다.

- **実際にほとんどの人たちは、**環境への関心と企業への関心が相反するものだと思って**います。**
  실제로 대부분의 사람들은 환경의 관심과 기업의 관심이 상반된다고 생각합니다.

多(おお)くの+명사
많은~
▶ 형용사 多い는 명사를 수식할 때 多い가 아닌 多くの의 형태를 취한다. 이와 성질이 비슷한 형용사로는 近くの가 있다.

相反(あいはん)する
상반되다

여러분 중에 몇 분이나 ~하시나요?

- **皆様の中の何人かは**そうしている**でしょう？**
  여러분 중 몇 분이 그렇게 하고 계시죠?

- **皆様の中で、何人の方が**品質が悪くても安い製品を欲しいと思う**でしょうか。**
  여러분 중 몇 분이 품질이 좋지 않지만 싼 제품을 원한다고 생각하시죠?

- **皆様の中で、どのくらいの方が**彼らの話に同意する**でしょう？**
  여러분 중 몇 분이나 그들의 말에 동의하시나요?

- **皆様の中で、どのくらいの方が**このような危機から免れられたでしょうか？
  여러분 중 몇 분이나 이런 위기에서 모면할 수 있었을까요?

免(まぬか)れる
모면하다

Steve Jobs 2007 iPhone Keynote Address at MacWorld

 유머 전략

아이폰의 기능 시연하기

SJP 기법

신제품을 시연하는 정보를 전달하면서 동시에 청중을 웃게 만드는 농담으로 프레젠테이션의 분위기에 활기를 불어넣고 청중과의 친밀감을 이끌어낸다.

▶ 本当に驚くべきものをお見せ致します。アイフォンに付いているグーグルマップです。ここにある地図アプリを押します。今開いているのですが…。後できっとコーヒー一杯飲むはずだから、スターバックスを探してみましょう。スターバックスを入力すると、出てきます。これが全部スターバックスです。ここにスターバックスリストがありますね。その中からお望みの店を一つ選べばいいんです。選択したスターバックスに入って見ることもできます。ここに出ますね。売り場に電話を一度かけてみましょう。
職員：こんにちは。スターバックスです。ご注文は何になさいますか。
Steve Jobs：はい、ラテ4,000杯を注文したいんですが…。いや、間違ってかけました。すみません。

정말로 놀라운 것을 보여드리겠습니다. 바로 아이폰에 있는 구글 맵입니다. 여기에 있는 지도 앱을 누릅니다. 지금 뜨고 있는데요… 나중에 분명히 커피 한 잔을 마실 테니까 스타벅스를 찾아 보죠. 스타벅스를 쳐 보니 나오죠. 이게 모두 스타벅스입니다. 여기에 스타벅스 리스트가 있네요. 그 중에서 원하시는 가게를 하나 고르면 됩니다. 선택한 스타벅스에 들어가 볼 수도 있습니다. 여기 나오네요. 매장에 전화를 한 번 걸어 보죠.
직원: 안녕하세요. 스타벅스입니다. 무엇을 주문하시겠어요?
Steve Jobs: 네, 라떼 4,000잔을 주문하려고 하는데요. 아니, 잘못 걸었어요. 죄송합니다.

Words & Expressions

▶ 地図(ちず)アプリ 지도 앱 ▶ 開(あ)ける 열다 ▶ 入力(にゅうりょく)する 입력하다 ▶ 望(のぞ)み 소망, 희망하는 일

～할 테니까 ～해 보죠.

- 商品が届いているはずだから、売り場に電話を一度かけてみましょう。
  상품이 도착해 있을 테니까 매장에 전화를 한번 걸어 보죠.

- 今は田舎に帰っているはずだから、昔の友だちに電話をかけてみましょう。
  지금은 시골에 왔을 테니까 옛 친구에게 전화를 걸어 보죠.

- 今日は家にいるはずだから、田舎のお爺ちゃん、お婆ちゃんに電話をかけてみましょう。
  오늘은 댁에 계실 테니까 시골의 할아버지, 할머니에게 전화를 걸어 보죠.

～はずだ
～일 것이다
▶ 확실한 추측을 나타낸다.

그 중에서 원하시는 ～를 ～면 됩니다.

- その中からお望みの店を一つ選べばいいんです。
  그 중에서 원하시는 가게를 하나 고르면 됩니다.

- その中からお望みのアーティストを選べばいいんです。
  그 중에서 원하시는 아티스트를 고르면 됩니다.

- お望みの音楽があれば、こちらのアイコンを押せばいいんです。
  원하는 음악이 있다면 여기 아이콘을 누르시면 됩니다.

- お望みのものがあれば、左上段にある編集ボタンを押してお気に入りを編集すればいいんです。
  원하는 물건이 있다면 왼쪽 상단에 있는 편집 버튼을 눌러서 즐겨찾기를 편집하시면 됩니다.

～ばいいんです
～면 됩니다

お望(のぞ)みの～があれば
원하는 ～이 있으면다

Steve Jobs 2007 iPhone Keynote Address at MacWorld

 프레젠테이션 본론 부분

타사 휴대전화 제품들 시세 비교하기

SJP 기법

아이폰의 가격 책정에 고심하는 모습을 솔직하게 보여주고, 아이폰의 혁신적인 기능들을 상기시켜 주는 과정에서 가격에 대한 청중의 부담감을 줄여주는 효과를 준다.

▶ それでは、アイフォンの値段はいくらぐらいにすればよいのでしょうか。このような製品は普通いくらぐらいでしょうか？アイポッドの場合、最も人気のある4GBアイポッドナノが199ドルです。スマートフォンの値段はいくらですか。彼らは皆様にインターネットが使える携帯電話と言っています。そう言うにはちょっと問題がありますが。しかし、このようなスマートフォンの値段がおよそ299ドルほどです。もちろん199ドルする製品もあります。パームモデルは昨日値段で399ドルでした。したがってほとんど2年契約で平均約299ドルでした。このような携帯電話も多少音楽再生ができますが、携帯電話で音楽を聞きたがる人はいません。機能があまりよくないからです。それで、結局、人々は携帯電話もアイポッドも購入することになります。

그럼 아이폰의 가격을 얼마 정도로 정해야 할까요? 이러한 제품들은 보통 가격이 얼마일까요? 아이팟의 경우 가장 인기 있는 4GB 아이팟 나노가 199달러입니다. 스마트폰의 가격은 얼마죠? 그들은 여러분에게 인터넷이 되는 휴대전화라고 말하고 있습니다. 그렇게 말하기엔 문제가 좀 있지만요. 하지만 이런 스마트폰의 가격이 대략 299달러 정도입니다. 물론 199달러하는 제품도 있습니다. 팜 모델은 어제 가격으로 399달러였습니다. 따라서 대부분 2년 약정에 평균 약 299달러이었습니다. 이런 휴대전화도 다소 음악재생을 할 수 있기는 하지만 휴대전화로 음악을 들으려는 사람은 없습니다. 기능이 별로 좋지 않기 때문이죠. 그래서 결국 사람들은 휴대전화도 구입하고 아이팟도 구입하게 됩니다.

▶ 場合 (ばあい) 경우   ▶ 最 (もっと) も 가장   ▶ 人気 (にんき) のある 인기 있는   ▶ 平均 (へいきん) 평균

~은 평균 ~ 입니다.

- したがってほとんど2年契約で平均約299ドルでした。
  따라서 대부분 2년 약정에 평균 약 299달러이었습니다.

- 今回の四半期で会社の月の収益は2、500台の製品を販売して平均2億7千万ウォンです。
  이번 분기에 회사의 월 수익은 2,500개의 제품을 판매하여 평균 2억 7천만 원입니다.

- 今週のエキスポ訪問者は、1日平均2千人でした。
  이번 주 엑스포 방문자는 하루 평균 2천명이었습니다.

| 2年(ねん)契約(けいやく)
| 2년 약정
| ▶ 2년 약정은 2年契約나 묶는다는 뜻의 縛(しば)る를 써서 2年縛り라고도 한다.

결국 ~하게 됩니다.

- 結局、人々は、携帯電話も購入してアイポッドも購入することになります。
  결국 사람들은 휴대전화도 구입하고 아이팟도 구입하게 됩니다.

- このような人たちは結局、孤立感と憂鬱症を経験することになります。
  그러한 사람들은 결국 고립감과 우울증을 겪게 됩니다.

- 結局、彼は世界で最も影響力のある人になりました。
  결국 그는 세계에서 가장 영향력 있는 사람이 되었습니다.

- 彼は結局、財産の多くを失ってしまうことになりました。
  그는 결국 재산의 대부분을 잃어버리게 되었습니다.

| 人々(ひとびと)
| 불특정다수의 일반사람을, 人たち는 특정한 사람을 가리킨다.
| 孤立感(こりつかん)
| 고립감
| 憂鬱症(ゆううつしょう)
| 우울증

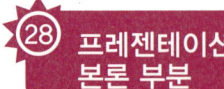

Steve Jobs 2007 iPhone Keynote Address at MacWorld

아이폰의 가격 책정하기

SJP 기법

아이폰의 가격 책정에 고심하는 모습을 솔직하게 보여주고, 아이폰의 혁신적인 기능들을 상기시켜 주는 과정에서 가격에 대한 청중의 부담감을 줄여주는 효과를 준다.

▶　アイポッドを販売している人ならよく知っていることです。それで人々はこの二つを購入するのに499ドルを使うことになります。それでは、アイフォンの値段をいくらに設定したらいいでしょうか。アイフォンは他の製品よりはるかに多くの機能が付いているからです。アイフォンは真のビデオ機能、きれいで素敵なワイドスクリーンを備えています。マルチタッチ、ユーザーインターフェイスも備えています。無線インターネットも付いています。真のブラウザ、htmlEメールも備えています。カバーフローなど数多くの機能を備えています。多分、技能だけで決めれば、数百ドルになるはずです。それではアイフォンは499ドルからどれだけ値段を上げたらいいでしょうか。

아이팟을 판매하고 있으니 잘 알고 있는 부분이죠. 그래서 사람들은 이 두 가지를 구입하는데 499달러를 쓰게 됩니다. 그럼 아이폰의 가격을 얼마로 정하면 좋을까요? 아이폰은 다른 제품보다 훨씬 더 많은 기능이 있기 때문입니다. 아이폰은 진정한 비디오 기능, 아름답고 멋진 와이드 스크린을 갖추고 있습니다. 멀티 터치 사용자 인터페이스를 갖추고 있습니다. 무선 인터넷도 됩니다. 진정한 브라우저, html 이메일을 갖추고 있습니다. 커버플로우 등 무수히 많은 기능을 갖추고 있습니다. 아마 기능대로 정하자면 수백 달러가 될 것입니다. 그럼 아이폰은 499달러에서 얼마나 가격을 높이면 좋을까요?

▶ 設定(せってい)する 설정하다　▶ 機能(きのう)が付(つ)ている 기능이 붙어 있다　▶ 備(そな)える 갖추다

~의 가격을 얼마로 책정해야 하나요?

- では、アイフォンの値段をいくらに設定したらいいでしょうか。
  그럼 아이폰의 가격을 얼마로 정하면 좋을까요?

- この値段をいくらに設定したらいいでしょうか。
  이것의 가격을 얼마로 정하면 좋을까요?

- アイフォンの値段をいくらに設定しなければならないでしょうか。
  아이폰의 가격을 얼마로 정해야만 할까요?

~したらいいでしょうか
~하면 좋을까요?

~しなければならないでしょうか
~해야만 할까요?

 ~의 가격은 ~입니다.

- 多分、技能だけで決めれば、数百ドルになるはずです。
  아마 기능대로 정하자면 수백 달러가 될 것입니다.

- スマートフォンの値段は、299ドルくらいになるでしょう。
  스마트폰의 가격은 약 299달러쯤이 될 것입니다.

- 改革するために、10億ドルほどの費用がかかるでしょう。
  개혁하는 데에 10억 달러 정도의 비용이 들 것입니다.

- 最も人気のあるアイポッドの値段は199ドルです。
  가장 인기 있는 아이팟의 가격은 199달러입니다.

- アイフォンの値段は普通499ドルです。
  아이폰의 가격은 보통 499달러입니다.

~になるはずです
~이 될 것입니다
▶ '꼭 그렇게 될 것이다'라고 강조할 때는 はずです를 쓰고, 가벼운 추측을 나타낼 때는 でしょう를 쓴다.

Steve Jobs 2007 iPhone Keynote Address at MacWorld

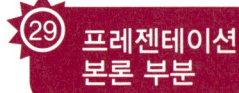 프레젠테이션 본론 부분

아이폰 가격 책정하기

▶ 　私たちはこれ**について熟考を重ねました**。アイフォンは本当にすばらしい製品だからです。電話をかける、住所録管理、ビジュアルボイスメールを管理する非常に優れた機能、ランダムにアクセスが可能な初めてのボイスメール、文字メッセージ、電子メール、真のブラウザ、そしてグーグルマップ。実にすばらしいアイパット、カバーフロー、それにビデオ。**皆様**は今までにない**経験をすることでしょう**。この値段をいくらに設定しなけらばならないでしょうか。4GBモデルは同じ499ドルに設定する予定です。追加料金が全くかかりません。全部で499ドルです。8GBモデルは599ドルです。私たちは、アイフォンの値段を499ドルから始めることにしました。

저희는 이에 대해 심사숙고하였습니다. 아이폰은 정말 대단한 제품이기 때문입니다. 전화걸기, 주소록 관리, 비주얼 보이스 메일을 관리하는 대단히 뛰어난 기능, 랜덤으로 접근이 가능한 최초의 보이스 메일, 문자 메시지, 이메일, 진정한 브라우저, 그리고 구글 맵. 실로 훌륭한 아이팟, 커버 플로우 그리고 비디오. 여러분은 지금까지 없었던 경험을 하게 될 것입니다. 이 가격을 얼마로 정해야 할까요? 4GB 모델은 같은 499달러로 정할 것입니다. 추가 요금이 전혀 없습니다. 전부 해서 499달러입니다. 8GB 모델은 599달러로 달러입니다. 저희는 아이폰의 가격을 499달러에서 시작하는 것으로 책정했습니다.

 Words & Expressions

▶ ボイスメール 보이스 메일(voice mail: 음성으로 기록한 것을 수신인이 확인하는 전자 메일 시스템
▶ 優(すぐ)れる 뛰어나다, 우수하다　▶ 全部(ぜんぶ)で 전부 해서

~에 대하여 심사숙고하였습니다.

- 私たちはこれについて熟考を重ねました。
  저희는 이에 대해 심사숙고하였습니다.

- 私たちは最高社員の選定について熟考を重ねました。
  저희는 최고 사원 선정에 대하여 심사숙고하였습니다.

- 私たちは決定を下す前にその問題について深く考えました。
  저희는 결정을 내리기 전에 그 문제에 대해 깊이 생각하였습니다.

- 私たちはアイフォンの値段設定についてじっくり考えました。
  저희는 아이폰의 가격 책정에 대해 곰곰이 생각했습니다.

~について熟考(じゅっこう)を重(かさ)ねる
= ~について時間をかけて深く考える
= ~についてじっくり考える
~에 대해 오랫동안 깊이 생각하다

 ~에 대한 훌륭한 경험을 하시게 될 것입니다.

- 皆様は今までにない経験をすることでしょう。
  여러분은 지금까지 없었던 경험을 하게 될 것입니다.

- 電子楽器に関して幅広い経験をすることになるでしょう。
  전자 악기에 관한 폭넓은 경험을 하시게 될 것입니다.

- 外国から来た人たちをインタビューすることは、良い経験になるでしょう。
  외국에서 온 사람들을 인터뷰 하는 일은 좋은 경험이 될 것입니다.

良(よ)い経験(けいけん)をする
좋은 경험을 하다

良い経験になる
좋은 경험이 되다

幅広(はばひろ)い
폭넓다

Steve Jobs 2007 iPhone Keynote Address at MacWorld

 위기 상황 대처 능력 　　예기치 않은 위기 상황 대처하기

SJP 기법

프레젠테이션 도중 클릭커 고장이라는 예기치 않은 돌발 상황에 전혀 당황하지 않고 침착하게 대응하는 위기 대처 능력을 보인다.

▶ スタンの言う通り、私たちは約2年前に一緒に仕事を始めましたが、私たち二人は全く違う世界から来ました。通信産業とコンピューター産業という世界です。アップルはもちろんアイパットと同様に音楽産業でもあります。私たちは共にうまくやってきました。私は彼らが好きです。私は彼らと共に、今後数年間にわたって、すばらしい製品を作り出すでしょう。<u>それでは、この市場がどれほど大きいか一度見てみましょう</u>。リモコンが作動しませんね。あ、あそこに1つありますね。多分これは大丈夫でしょう。さあ、この市場が如何に大きいか見てください。動きませんね。リモコンが作動しません。舞台裏のスタッフは今、慌てておろおろしていることでしょう。

스탠의 말대로 저희는 약 2년 전에 함께 일하기 시작했지만 저희 둘은 완전히 다른 세계에서 왔습니다. 통신 산업과 컴퓨터 산업이라는 세계입니다. 애플은 물론 아이팟과 함께 음악 산업이기도 하고요. 저희는 함께 아주 잘해 왔습니다. 저는 이 분들을 좋아합니다. 저희는 이 분들과 함께 앞으로 몇 년에 걸쳐 대단히 멋진 제품을 출시할 것입니다. 그럼 이 시장이 얼마나 큰지 한번 살펴보시죠. 리모콘이 작동하지 않네요. 아, 저기 하나 있군요. 아마 이건 괜찮겠죠. 자, 이 시장이 얼마나 큰지 보시죠. 안되는군요. 리모콘이 작동하지 않습니다. 무대 뒤의 스태프들은 지금 당황해서 정신이 하나도 없겠죠?

 Words & Expressions

▶ スタン 스탠 시그먼(Stan Sigman: Cingular의 CEO)　▶ 立派(りっぱ)に 훌륭하게　▶ 如何(いか)に 얼마나
▶ 舞台(ぶたい) 무대　▶ 裏(うら) 뒤　▶ 慌(あわ)てる 당황하다

그럼 ~을 살펴봅시다.

- それでは、この市場を一度見てみましょう。
  그럼 이 시장을 한번 살펴보시죠.

- それでは、アイフォンの一部であるインターネット通信機器を見てみましょう。
  그럼 아이폰의 일부인 인터넷 통신기기를 살펴보시죠.

- それでは、この四半期の販売数値を見てみましょう。
  그럼 이번 분기의 판매 수치를 살펴보시죠.

- それでは、下の部分をより詳しく見てみましょう。
  그럼 아래 부분을 보다 자세하게 살펴보시죠.

四半期(しはんき) 분기
▶ 1사분기, 2사분기, 3사분기, 4사분기는 각각 第를 넣어 第1四半期, 第2四半期, 第3四半期, 第4四半期로 말한다.

 ~하고 있겠죠.

- 舞台裏のスタッフは今、慌てておろおろしていることでしょう。
  무대 뒤의 스태프들은 지금 당황해서 정신이 하나도 없겠죠?

- 今はもう始まっていることでしょう。
  지금은 이미 시작하고 있겠죠.

- 彼はアメリカで幸せに暮らしていることでしょう。
  그는 미국에서 행복하게 살고 있겠죠.

- 今、プサンに向かっているところでしょう。
  지금 부산에 향해서 가고 있는 중이겠죠.

~ていることでしょう
~하고 있겠죠

~ているところでしょう
~하고 있는 중이다

▶ ~ていることでしょう는 아마 그럴 것이다라는 추측을, ~ているところでしょう는 진행에 대한 추측을 나타내는 표현이다.

Steve Jobs 2007 iPhone Keynote Address at MacWorld

 임기응변 능력   자신의 에피소드 들려주기

SJP 기법

예기치 않은 사고나 위기 상황에서 고등학교 시절의 스티브 워즈니악과의 일화를 들려주어 청중을 즐겁게 해 주는 순간적인 기지를 발휘한다.

▶ 高等学校の時、スティーブ・ウォズニアックと私は、殆んどはスティーブが、TVジャマーという小さな装置を作りました。それはTV受信の邪魔をする周波数を発信する小さな発信器でした。ウォズはその装置をポケットに入れて通い、彼が通う予定だったバークレー大学の寮に入って、多くの人が見ているスタートレックを見えないように邪魔したりしました。そして、誰かがこれを直すために近づこうとすると、その瞬間にTVが映るようにしたんです。それで人々が座るとまた映らなくしました。そしてこれを繰り返しまして、立ったままにさせました。
さて、そろそろリモコンが作動するようです。でなければスタッフが手動で動かさなければならないかもしれません。

고등학교 때 스티브 워즈니악과 저는, 대개는 스티브가 TV 재머라고 하는 작은 장치를 만들었습니다. 그것은 TV수신을 방해하는 주파수를 발신하는 작은 발진기였죠. 워즈는 그 장치를 주머니에 넣고 다니며, 그가 다니려고 한 버클리 대학의 기숙사에 들어가서, 많은 사람들이 보고 있는 스타 트랙을 못 보게 TV의 방해를 하거나 했습니다. 그리고 누가 이걸 고치려고 하면 바로 그때 TV를 나오게 했죠. 그래서 사람들이 앉으면 다시 나오지 않게 하곤 했습니다. 그리고 이것을 반복하면서 서 있게 만들었습니다. 자, 이제 리모콘이 작동하나 봅니다. 아니면 스패프들이 수동으로 화면을 넘겨주어야 할지도 모릅니다.

 Words & Expressions

▶ スティーブ・ウォズニアック 스티브 워즈니악(Steve Wozniak: 잡스의 고등학교 친구로 함께 애플 컴퓨터를 설립함)
▶ ジャマー 재머(jammer: 방해 전파 발신기) ▶ 寮(りょう) 기숙사

~하거나 했습니다.

- 多くの人が見ているスタートレックを見えないように邪魔したりしました。

  많은 사람들이 보고 있는 스타 트랙을 못 보게 방해를 하거나 했습니다.

- 彼は小さな発信器でTV視聴の邪魔をしたりしました。

  그는 조그만 발진기로 TV 시청의 방해를 하거나 했습니다.

- 彼は1日に10回もスピーチの練習をしたりしました。

  그는 하루에 열 번이나 스피치 연습을 하거나 했습니다.

~したりする
~하거나 하다
▶ ~したり~したりする(~하기도 하고 ~하기도 하다)에서 온 말이다.

 아니면 스태프들이 ~해야 할지도 모릅니다.

- でなければスタッフが手動で動かさなければならないかもしれません。

  아니면 스패프들이 수동으로 화면을 넘겨주어야 할지도 모릅니다.

- でなければ彼らは競争の激しい市場で競わなければならないかもしれません。

  아니면 그들은 경쟁이 매우 치열한 시장에서 경쟁해야 할지도 모릅니다.

- でなければ彼らは自分たちのソフトウェアプログラムを作るかもしれません。

  아니면 그들은 자신들의 소프트웨어 프로그램을 만들지도 모릅니다.

でなければ~かもしれません
아니면 ~지도 모릅니다

Steve Jobs 2007 iPhone Keynote Address at MacWorld

 회사명 개명   애플 회사명을 바꾸게 된 경위 설명하기

▶ 私たちはマッキントッシュとアイポッドにアップルTVを追加し、そしてアイフォンを追加しました。マッキントッシュは、皆様がコンピューターだと考えるわが社の唯一の製品です。そうでしょう？ 私たちはこのことについてずっと思索を重ねてきました。アップルの名前が、社名以上のことを反映しなければならないということを。だから私たちは今日、アップルからコンピューターという単語を切り離すことを皆様にお知らせします。私たちはこれから、販売する全製品を反映した'Apple Incorporated'として広く知られるようになるでしょう。

저희는 매킨토시와 아이팟에 애플 TV를 추가하였고, 그리고 아이폰을 추가했습니다. 매킨토시는 여러분이 컴퓨터로 생각하는 저희 회사의 유일한 제품입니다. 그렇죠? 저희는 이에 대해 계속 생각을 거듭하였습니다. 애플의 이름이 회사명 이상의 것을 반영해야 한다는 점을요. 그래서 저희는 오늘, 애플에서 컴퓨터라는 단어를 떼어 내기로 한 사실을 알려드립니다. 저희는 앞으로 판매할 전 제품을 반영한 'Apple Incorporated'로 알려지게 될 것입니다.

 Words & Expressions

▶ 唯一(ゆいいつ) 유일 ▶ 社名(しゃめい) 회사명 ▶ 思索(しさく) 사색 ▶ 重(かさ)ねる 거듭하다, 되풀이하다
▶ 切(き)り離(はな)す 떼다, 분리하다

~는 여러분이 ~로 생각하는 유일한 제품입니다.

- マッキントッシュは、皆様がコンピューターだと考えるわが社の唯一の製品です。

  매킨토시는 여러분이 컴퓨터로 생각하는 저희 회사의 유일한 제품입니다.

- アイポッドは、皆様がミュージックプレーヤーだと考えるわが社の唯一の製品です。

  아이팟은 여러분이 뮤직 플레이어로 생각하는 저희 회사 유일한 제품입니다.

- マイクロソフトは、私がコンピューター会社だと考える唯一の会社です。

  마이크로소프트는 제가 컴퓨터 회사로 생각하는 유일한 회사입니다.

唯一（ゆいいつ）の～です
유일한 ~입니다

요즘은 コンピューターを コンピュータで、ミュージックプレーヤーを ミュージックプレーヤと 같이 끝에 있는 장음을 생략하여 말하는 경우가 많다.

 우리 회사 이름은 ~을 반영해야 합니다.

- わが社の名前は、マッキントッシュのコンピューター以上のことを反映しなければなりません。

  우리 회사 이름은 매킨토시 컴퓨터 이상의 것을 반영해야 합니다.

- 新たな名前は、わが社の過去の名声を反映しなければなりません。

  새로운 이름은 우리 회사의 과거의 명성을 반영해야 합니다.

- わが社の名前は、全職員のアイディアを反映しなければなりません。

  우리 회사 이름은 전 직원의 아이디어를 반영해야 합니다.

~反映（はんえい）しなければならない
반영해야만 한다

▶ ~反映されなければならない（~반영되어야만 한다）와 같이 수동태 형태로도 쓰인다.

Steve Jobs 2007 iPhone Keynote Address at MacWorld

 프레젠테이션 결론 부분 — 애플의 역사를 제품 출시 연도로 정리하고, 유명인의 명언으로 마무리하기

SJP 기법

청중이 알 만한 명언을 인용하여 자신의 메시지를 한 번 더 강조하고, 청중의 기억에 오랫동안 여운을 남길 감동적인 말을 덧붙여 마무리를 한다.

▶ 　私は昨日の夜、一睡もできませんでした。今日のこの時のことを考えて、とても興奮したからです。これまでアップルは非常に幸運でした。私たちはこれまで本当に革命的な製品を作りました。1984年マッキントッシュの発売は、その当時、共に作業した私たちには決して忘れられない経験でした。そして世の中の人もそのことを忘れないだろうと思います。2001年に発売したアイポッドは、音楽に対する全てのことを変えました。私たちは2007年、アイフォンの発売でもう一度世の中を変えようと思っています。そう考えると、とても興奮してきます。私が好きなウェイン・グレチュキの名言があります。「私はパックがある場所ではなく、パックが動く所にスケートする」。私たちは絶えずこうした姿勢でアップルに取り組んできました。草創期から今まで。そして、これからもずっとそうするつもりです。アップルの歴史的な瞬間に参加してくださって本当にありがとうございます。

저는 어젯밤에 한 숨도 자지 못했습니다. 오늘 이 시간을 생각하니 너무 흥분이 되어서였죠. 그동안 애플은 대단히 운이 좋았습니다. 저희는 그동안 정말로 혁명적인 제품들을 만들었습니다. 1984년 매킨토시 발매는 그 당시 함께 작업했던 저희들에게는 결코 잊을 수 없는 경험이었습니다. 그리고 세상 사람도 그것을 잊지 못할 것이라고 생각합니다. 2001년에 발매한 아이팟은 음악에 대한 모든 것을 변화시켰습니다. 저희는 2007년 아이폰의 발매로 다시 한 번 세상을 바꿔 보려고 합니다. 이렇게 생각하면 저희는 몹시 흥분됩니다. 제가 좋아하는 웨인 그레츠키의 명언이 있습니다. "나는 퍽이 있던 곳이 아니라, 퍽이 움직일 곳으로 스케이트를 탄다." 저희는 항상 이런 자세로 애플에 임해 왔습니다. 초창기부터 지금까지. 그리고 앞으로도 계속 그럴 것입니다. 애플의 역사적인 순간에 참여해 주셔서 대단히 감사드립니다.

Words & Expressions

▶ 一睡(いっすい)もできない 한 숨도 못 자다
▶ ウェイン・グレチュキ 웨인 그레츠키(Wayne Gretzky: 캐나다의 전설적인 아이스하키 선수)

~에 관한 모든 것을 변화시켰습니다.

- 2001年に発売したアイポッドは、音楽に対する全てのことを変えました。
  2001년에 발매한 아이팟은 음악에 대한 모든 것을 변화시켰습니다.

- この本は、自分自身に対する全てのことを変えました。
  이 책은 제 자신에 대한 모든 것을 변화시켰습니다.

- アフリカでの経験は、私の人生の全てを変えました。
  아프리카에서의 경험은 제 인생의 모든 것을 변화시켰습니다.

~に対する
=~に関する
=~についての
~에 대한, ~에 관한

 ~해 주셔서 대단히 감사드립니다.

- アップルの歴史的な瞬間に参加してくださって本当にありがとうございます。
  애플의 역사적인 순간에 참여해 주셔서 정말로 감사드립니다.

- 本日、参加していただき誠にありがとうございます。
  오늘 참석해 주셔서 진심으로 감사드립니다.

- 時間を割いてくださって誠にありがとうございます。
  시간을 내 주셔서 진심으로 감사드립니다.

- ご清聴ありがとうございます。
  경청해 주셔서 감사드립니다.

~してくださってありがとうございます
~해 주셔서 감사드립니다

▶ '경청'이라는 뜻의 傾聴(けいちょう)보다는 清聴(せいちょう)라는 말을 쓴다.

JAPANESE PRESENTATION

10분 투자로 끝내는
일본어 프레젠테이션

JAPANESE PRESENTATION